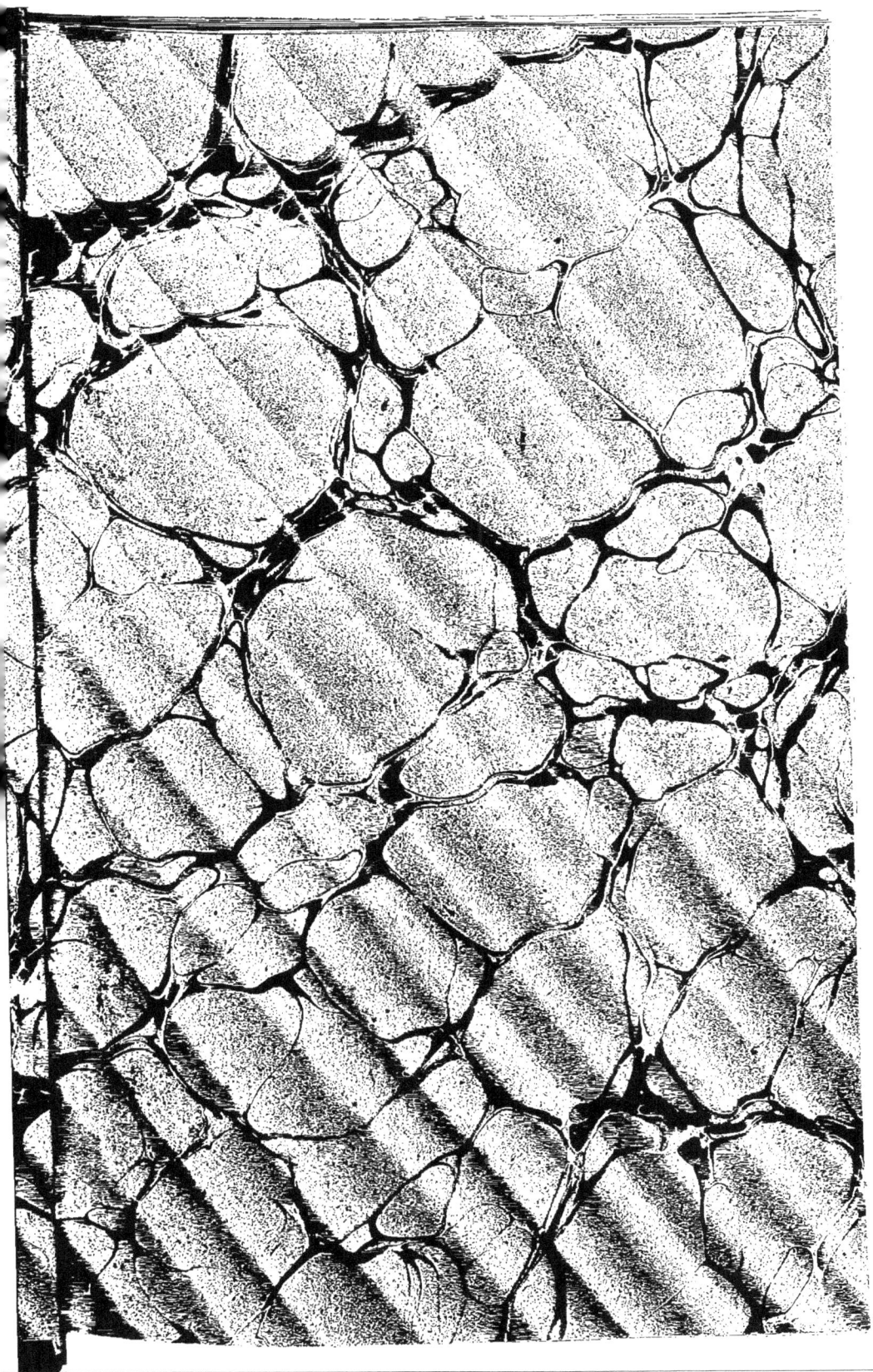

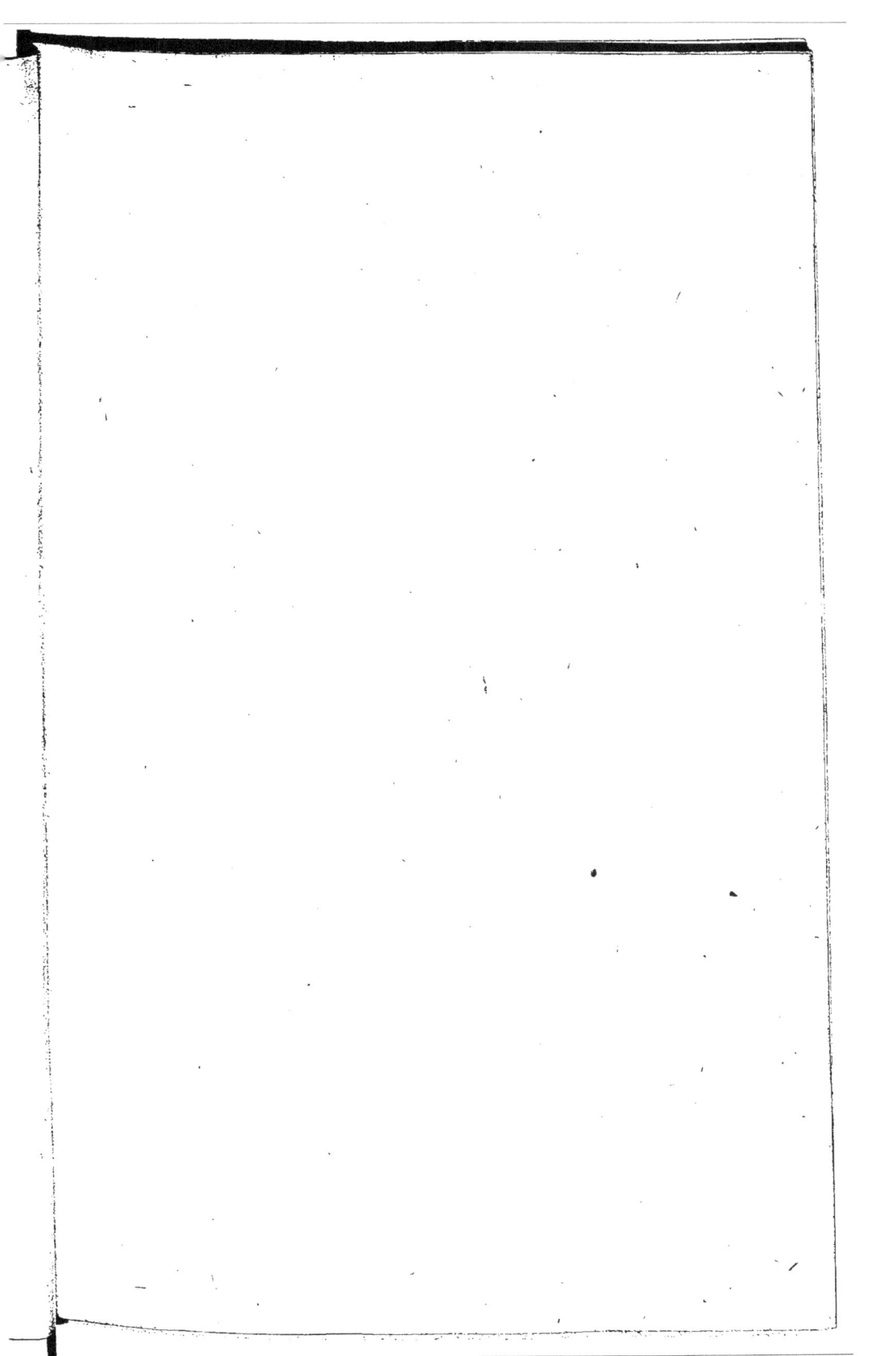

29838

MÉTHODE

ÉLÉMENTAIRE

DE COMPOSITION,

AVEC DES EXEMPLES TRÈS-NOMBREUX ET TRÈS-ÉTENDUS POUR APPRENDRE DE SOI-MÊME A COMPOSER TOUTE ESPÈCE DE MUSIQUE ;

Par J.-Georg. ALBRECHTSBERGER,

Organiste de la Cour Impériale de Vienne, Maître de Chapelle de l'Église Cathédrale de Saint-Étienne de cette ville.

TRADUIT DE L'ALLEMAND,

ENRICHI D'UN GRAND NOMBRE DE NOTES ET D'EXPLICATIONS ;

Par M. A. CHORON, Écuyer,

Ancien Chef de Brigade à l'École Polytechnique, Correspondant de l'Institut de France, Auteur de plusieurs Traités sur la Musique.

TOME PREMIER.

PARIS,

Mme Ve COURCIER, Impr.-Libr. pour les Mathématiques et la Marine, quai des Augustins, n° 57.

1814.

A MONSIEUR

SIGISMOND NEUKOMM,

CÉLÈBRE COMPOSITEUR,

ÉLÈVE

DE JOSEPH ET DE MICHEL

HAYDN,

HOMMAGE

D'ESTIME ET D'AMITIÉ,

PAR

ALEXANDRE-ÉTIENNE CHORON.

AVANT-PROPOS

DU TRADUCTEUR.

C'est rendre un véritable service à notre École de Musique, que de multiplier les Ouvrages qui traitent de cet art, et particulièrement de la Composition, qui, comme on sait, en est la partie principale. Notre littérature est d'une pauvreté excessive en ce genre ; dans le petit nombre de traités qu'elle possède, les uns, comme ceux de Mersenne, de S. de Caux, de Lavoye-Mignot, de Paran, etc. sont entièrement surannés et sont même oubliés du public ; d'autres plus modernes, tels que ceux de Rameau et de ses commentateurs, d'Alembert, Roussier, Béthisy, Rousseau, etc., sont infectés de l'esprit de système, et n'offrent au lecteur que des superfluités et des erreurs ; quelques autres rédigés par d'habiles compositeurs, et uniquement dirigés vers la pratique, tels que les élémens de Fux, d'Azopardi, présentent, il est vrai, avec plus de fidélité l'enseignement de l'École, mais ils manquent d'ordre et de clarté, et la doctrine qu'ils renferment, tout estimable qu'elle est, s'y trouve présentée de manière à repousser le lecteur le plus courageux, et à dégoûter l'élève le plus intrépide.

Ces considérations m'avaient déterminé à rédiger, il y a quelques années, un Traité que j'ai publié sous le titre de *Principes de Composition des Écoles d'Italie*, que j'ai formé de la réunion des meilleurs matériaux, auxquels je me suis contenté d'ajouter ce qui était nécessaire pour établir la liaison entre toutes les parties. Le succès de ce recueil, et l'estime dont il jouit, m'ont prouvé que j'avais à cet égard atteint le but que je m'étais proposé ; mais son immense étendue et son prix beau-

a

coup trop élevé le mettant hors des facultés d'un grand
nombre de personnes, j'ai cru faire plaisir aux amateurs,
de leur présenter aujourd'hui un nouvel Ouvrage élé-
mentaire que je viens d'emprunter à l'Ecole d'Allemagne.

L'Auteur de cet Ouvrage est le célèbre J.-Georg.
Albrechtsberger, mort il y a peu d'années à Vienne, où
il a exercé pendant long-temps les fonctions d'organiste
de la Cour Impériale, et celles de maître de chapelle de
la Cathédrale de cette ville. Cet Auteur, connu par un
grand nombre de Compositions savantes, était en même
temps un excellent professeur : il a formé un nombre
considérable d'élèves très-habiles, parmi lesquels on
range l'illustre M. Béethoven; il était ami très-particu-
lier d'Haydn, son contemporain, qui le consultait souvent sur ses ouvrages. (*V.* le Dictionn. des Musiciens.)

Le Traité d'Albrechtsberger concerne cette partie de
la composition que l'on nomme le *Contre-point* proprement dit. La marche de l'Auteur, dont je vais rendre
compte en peu de mots, est à peu près la même que celle
de Fux, qui d'ailleurs est celle que l'on suit généralement et de temps immémorial dans les écoles : elle en
diffère cependant, 1° en ce qu'elle est mieux suivie;
2° en ce que Fux s'est proposé d'enseigner exclusivement à composer dans les modes et sur l'harmonie antiques, tandis que notre Auteur s'est proposé spécialement
d'enseigner à composer selon les modes et l'harmonie
modernes.

Dans cette vue, après avoir donné la définition des
intervalles, après avoir établi la notion des consonnances
et des dissonances, celles des mouvemens et des modes,
l'Auteur donne quelques règles pour placer l'harmonie
sur la basse et la basse sous un chant, ce qui forme la
matière de toute composition : ces notions préliminaires
sont terminées par quelques observations sur la distinction des deux factures, l'antique et la moderne, et sur
les espèces qui leur sont propres. (*V.* ci après, p. viij.)

Cela fait, il entreprend d'enseigner à composer le contre-point simple, d'abord à deux parties, dans les cinq espèces. Pour cet effet, il prend deux thèmes de notes égales, l'un en majeur, l'autre en mineur, et après avoir prescrit les règles de la première espèce, il donne l'exemple des fautes que l'on peut faire sur ces thèmes, et en fait voir la correction; il suit la même marche dans les quatre autres espèces de la composition à deux voix, dans celles du contre-point simple à trois et dans celles du même contre-point à quatre parties.

L'enseignement du contre-point simple est suivi de celui de l'imitation et de la fugue simple à deux, à trois et à quatre parties, auquel l'Auteur ajoute quelques notions sur l'inversion. De là il passe au contre-point double à l'octave, à la dixième et à la douzième, ce qui le met en état de traiter la fugue double et les diverses espèces de canon. Les connaissances essentielles de l'art du contre-point se trouvant ainsi exposées, l'Auteur termine par quelques notions sur la composition à cinq parties, sur les divers styles d'église, de chambre et de théâtre, enfin par une instruction sur les instrumens les plus connus et les plus usités aujourd'hui.

Tout cet enseignement est présenté avec beaucoup de simplicité, et peut-être avec autant de clarté que la matière le comporte : d'excellens et nombreux exemples viennent à l'appui du texte, qu'ils servent à éclaircir.

Le Traité original offre une suite uniforme de trente-cinq Chapitres et d'un Supplément qui contient la description des instrumens usités. J'ai suivi cet ordre avec fidélité; seulement, pour rendre plus sensible l'enchaînement des matières et faciliter l'étude, j'ai établi les sept divisions que l'on voit dans la Table et qui servent de points de repos. J'ai cru devoir corriger un léger désordre qui se trouvait vers la fin de l'Ouvrage ; j'ai placé à la suite du chapitre 31, qui traite de la double fugue, le 35e, qui traitait du canon, et qui par là est devenu le 32e ; j'ai réuni en un seul le 32 et le 33e, qui traitaient de la composition à cinq parties, et dont le dernier ne comprenait que des exemples sans texte, et par conséquent ne me fournissait rien ; le 34e est demeuré à sa place et le Supplément a formé le 35e chapitre.

Ma Traduction est d'une fidélité scrupuleuse ; j'ai placé dans des notes au bas des pages (1) quelques observations que j'ai cru propres à faciliter l'intelligence du texte. Lorsque j'ai cru nécessaire d'insérer en celui-ci quelques explications passagères, je les ai renfermées entre des parenthèses de cette forme [ ] (Voyez p. 64, *passim*) ; celles de la forme ordinaire ( ) appartiennent à l'Auteur. J'ai divisé l'Ouvrage en deux volumes, contenant, l'un le texte imprimé, l'autre les exemples gravés ; l'économie m'a suggéré cette mesure. Traitée à la manière ordinaire, cette méthode aurait eu 250 à 300 planches d'étendue, et son prix aurait été quadruple. Au reste, la petitesse du format permet de rapprocher les volumes l'un de l'autre, pour l'étude. Le discours et les exemples, numérotés exactement de part et d'autre, se correspondent avec beaucoup d'ordre, et cette disposition rendra l'usage très-facile.

---

(1) Les articles de l'Ouvrage étant numérotés en chiffres ordinaires, les notes sont indiquées par des lettres ; celles du second alphabet et des suivans sont marquées par des accens que l'on indique par les mots de *prime*, *seconde*, *tierce*, etc. ; ainsi a' se nomme *a prime*, a'' se nomme *a seconde*, etc.

La même observation a lieu pour les exemples : dans ceux-ci on trouve quelquefois un chiffre souscrit au bas des lettres : exemple, a_1, a_2, cela s'énonce en disant *a un*, *a deux* ; si la lettre est accentuée outre cela, on ajoute encore les mots de *prime*, *de seconde* ; ainsi a'_1 se nomme *a un prime* ; a'_2, *a deux prime* ; a''_3, *a trois seconde*, etc. Cet arrangement a été nécessaire pour ne point multiplier le numérotage des exemples, qui, sans cela, eût monté à un nombre excessivement élevé.

TABLE DES CHAPITRES.

12..

FIN DE LA TABLE.

ERRATA.

Page 8, lig. 9. gamme, *ut*, *lisez* gamme ut.
15, dernière. note *p*, *lisez* note *q*.
48, 23. fig. 81, *lisez* fig. 85.
49, 21. à deux parties; par la même raison, *lisez* à deux
parties, par la même raison;
75, 18. ont contraint, *lisez* a contraint.
109, dernière. *tosalie*, *lisez* *rosalie*.

AVIS.

L'AUTEUR supposant que l'élève a préalablement fait une étude plus ou moins approfondie de l'harmonie et de l'accompagnement, étude qui, dans l'enseignement de nos jours, précède ordinairement celle de la composition, ne donne sur ces objets intéressans que des détails fort succincts. Cette considération m'avait déterminé à placer à la tête de cette méthode une Introduction où ces connaissances seraient développées avec une étendue proportionnée à leur importance. Ce travail, que j'ai rédigé pendant l'impression de la Méthode, est devenu lui-même un ouvrage assez étendu pour être publié séparément, sous le titre de Méthode d'Harmonie et d'Accompagnement, etc. J'y renvoie tous les lecteurs qui desirent compléter leur instruction sur la connaissance des principes élémentaires de Musique, sur les intervalles, sur les consonnances, les dissonances et les accords, sur la manière d'écrire correctement l'harmonie, et de placer la basse sous le chant. Ils y trouveront une préparation complète à l'étude de la composition.

MÉTHODE

MÉTHODE

ÉLÉMENTAIRE

DE COMPOSITION.

I. NOTIONS PRÉLIMINAIRES.

Nous plaçons ici, sous le titre de *Notions préliminaires*, quelques renseignemens sur l'espèce et la nature harmonique des intervalles, sur les mouvemens du contre-point, sur la marche du sujet et sur l'harmonie qui lui convient selon les divers cas; enfin sur la distinction essentielle des divers genres de composition : ce sera la matière des six premiers chapitres de cette Méthode.

CHAPITRE PREMIER.

Des Intervalles en général.

(1). D'après les principes de l'harmonie, on sait qu'il n'y a en général que huit intervalles, savoir : seconde, tierce, quarte, quinte, sixte, septième, octave et neuvième. L'unisson, qui ne comprend aucun intervalle, s'emploie le plus souvent dans la composition à quatre parties pour l'octave, et la dixième pour la tierce.

L'unisson proprement dit, par exemple, *ut-ut*, *ré-ré*, peut être altéré par élévation, en changeant *ut* en *ut** et *ré* en *ré*✳ , etc.; on le nomme alors *unisson superflu* (*a*) ou *demi-ton mineur* (*b*).

La seconde a trois espèces : *seconde mineure*, autrement appelée *demi-ton majeur* (*c*), *seconde majeure* et *seconde superflue*.

La tierce a trois espèces : *tierce diminuée*, *tierce mineure*, *tierce majeure*.

La quarte comprend trois espèces : *quarte mineure* ou *diminuée*, *quarte juste* et *quarte majeure* ou *superflue*.

La quinte a trois espèces : *quinte mineure* ou *diminuée*, *quinte juste*, *quinte majeure*, *augmentée* ou *superflue*.

La sixte a trois espèces : *sixte mineure*, *sixte majeure*, *sixte superflue*.

La septième a trois espèces : *septième diminuée*, *septième mineure*, *septième majeure*.

La neuvième n'a que deux espèces : *neuvième majeure* et *neuvième mineure*.

Je ne blâme ni n'approuve l'usage où sont quelques compositeurs modernes, de considérer l'octave superflue comme équivalent de l'unisson majeur, et la neuvième superflue comme un équivalent de la seconde superflue (*d*).

(*a*) La dénomination de *superflu* est rejetée en France ; on y a substitué celle de *majeur* ou *augmenté*, et l'on dit *unisson majeur* ou *augmenté*.

(*b*) L'auteur tombe ici dans une erreur généralement répandue parmi les praticiens, et qui est d'autant moins excusable, qu'elle est également contraire à l'observation et au raisonnement. Il est de la dernière évidence, que dans la division du ton d'*ut* à *ré* en deux demi-tons, celui d'*ut* à *ut*✳ est plus grand que celui d'*ut*✳ à *ré* ; car *ut*✳ est sensiblement plus proche de *ré* que d'*ut*. L'observation suffit pour démontrer cette vérité, indépendamment de toute théorie.

(*c*) Même observation.

(*d*) Toute cette doctrine des intervalles est très-incomplète et très-peu exacte ; c'est cependant celle qui est universellement répandue. Nous

(2). En plaçant au-dessus d'*ut*, pris pour ton fondamental, un, deux ou trois des intervalles dont il vient d'être question, et qui sont généralement admis, on forme un accord à deux, trois ou quatre parties. Voyez, *fig.* 2, les accords à deux parties que forment au-dessus de *sol* les notes de l'échelle diatonique du mode majeur de cette note. Voyez, *fig.* 3, les accords à trois parties que peuvent former les mêmes notes au-dessus de cette fondamentale, et *fig.* 4, les accords à quatre parties.

On voit, *fig.* 5, tous les intervalles qu'il est possible d'employer à deux parties, sur le même ton, dans la composition sévère ou libre; ils sont ici sans préparation et sans résolution.

(3). Le chiffrage que j'ai employé dans ces exemples, pour désigner les accords à trois et à quatre parties, n'est pas celui qui est généralement usité. Dans celui-ci, on place toujours en dessous le chiffre qui représente le plus petit intervalle. Exemple : $\begin{smallmatrix} & & 6 & 9 \\ 4^{+} & 7 & 4 & 7 \\ 2 & 3 & \flat3 & \text{\scriptsize\S} \end{smallmatrix}$, et non $\begin{smallmatrix} 3 & 3 & 4 & 7 & 6 \\ & & \flat3 & 5 & 3 \\ 4 & 7 & 6 & 6 & 8 \end{smallmatrix}$, etc.

On aurait tort de placer sur la première et la dernière note de la basse l'un quelconque des trois chiffres qui servent à désigner l'accord parfait; car tout accompagnateur doit savoir que la plupart des pièces commencent par l'accord parfait, à moins cependant que l'on ne veuille commencer par celui de sixte, sur la troisième note de l'échelle, ce qui se fait quelquefois dans les ariettes; il doit savoir aussi que toutes ces pièces finissent toujours dans le mode et par le ton principal, et conséquemment par un accord parfait.

Il serait également inutile et contraire à l'usage, lorsque,

---

renvoyons, pour des notions plus approfondies, à notre *Introduction à l'Étude générale et raisonnée de la Musique.*

dans une composition à quatre parties, la tierce, la sixte ou la quinte doivent être redoublées, de mettre au-dessus de la note de basse deux 3, deux 6 ou deux 5.

On se sert du ♯, du ♭ ou du ♮ pour désigner l'accord parfait, soit majeur, soit mineur, lorsque l'une ou l'autre de ces formes se présente d'une manière inattendue. La plupart des accords, et particulièrement les accords consonnans, celui de quarte et sixte excepté, se désignent par un seul chiffre ; car on sait, par les principes de l'accompagnement, quel est le second chiffre qu'il faut ajouter à un premier chiffre, et quel est le troisième que l'on doit ajouter à deux chiffres donnés (e). Ce second et ce troisième chiffres ne doivent s'ajouter que lorsque l'intervalle qu'ils représentent est étranger à l'accord, ou quand il arrive un dièze, un bémol ou un bécarre accidentel. Enfin, on a pour principe de ne chiffrer les accords parfaits, soit d'un, soit de deux chiffres, que quand ils sont précédés d'une liaison dissonante, ou lorsqu'il s'y rencontre une sixte liée, ou enfin lorsque, dans une succession régulière, une dissonance vient à la suite d'une consonnance parfaite ou d'une tierce (*fig.* 6, *a*, *b*, *c*, etc.).

(4). Il y a encore un grand nombre d'accords dissonans, soit préparés, soit non préparés, c'est-à-dire, d'appogiatures ou de retards, que l'on pratique en prolongeant sur un accord deux ou trois sons de l'accord précédent, et qui doivent toujours être chiffrés dans un mouvement lent ; mais on rencontre en outre dans les passages, soit réguliers, soit irré-

_____

(e) Voyez la Méthode d'accompagnement de l'auteur, dont nous avons publié une traduction française : l'auteur y donne pour cet objet une table ou formule très-simple et très-ingénieuse. (Première partie, art. ıx, page 11.)

guliers, des accords peu usités qu'il serait inutile de rapporter et de décrire (*f*).

Ce que nous avons maintenant à examiner, c'est la distinction des intervalles en consonnans et en dissonans.

CHAPITRE II.

Des Consonnances et des Dissonances.

(5). Les intervalles que nous venons de décrire se divisent en consonnances et dissonances, ainsi nommées parce que les premières flattent l'oreille, tandis que les autres l'offensent.

Les consonnances sont, 1° l'unisson, la quinte et l'octave juste ; 2° la tierce et la sixte majeures et mineures : les trois premières sont appelées *consonnances parfaites*; les deux autres, *consonnances imparfaites*.

Tous les autres intervalles, c'est-à-dire l'unisson majeur, la seconde mineure, majeure et superflue, la tierce diminuée, les trois espèces de quarte, la quinte diminuée et superflue, la sixte superflue (*), les trois septièmes, l'octave diminuée ou superflue et les deux neuvièmes, sont dissonantes.

Quelques auteurs rangent parmi les consonnances la quarte

(*f*) Toutes ces notions appartiennent à la science de l'accompagnement, dont la connaissance, sans être indispensable au lecteur, ne peut que lui être fort utile. Consultez, sur cette matière, la Méthode du même auteur, le premier livre des Principes de Composition des Ecoles d'Italie, et les *Partimenti* de Fenaroli qui ont été publiés depuis peu.

(*) On pratique aussi maintenant une sixte diminuée; ceux qui admettent cet intervalle doivent, dans le renversement, admettre une tierce superflue. (Voyez *fig.* 7, *a*, *b*.) *Note de l'auteur.*

juste, accompagnée de la sixte majeure et de l'octave juste, parce qu'elle provient du second renversement de l'accord parfait, ou, selon d'autres, parce que, dans l'accord parfait lui-même, elle occupe le haut de cet accord (*fig.* 8). Quelque nom qu'on lui donne, elle sera toujours à mes yeux une dissonance, et j'aurai plus d'un motif pour soutenir mon opinion (*g*).

CHAPITRE III.

Des Mouvemens.

(6). Toute succession d'intervalles ou d'accords lesquels composent des intervalles, ne peut se faire que par un mouvement dans les parties. Or on distingue trois espèces de mouvemens : le *mouvement semblable*, le *mouvement oblique* et le *mouvement contraire*.

(A). Le mouvement semblable ou direct a lieu quand les parties montent ou descendent ensemble. (Voyez *fig.* 9, *a*, *b*, *c*.) Ce mouvement est le plus faible de tous; il est dangereux à deux parties, parce qu'il produit des suites d'unissons, de quintes ou d'octaves couvertes qui ne sont pas permises dans ce genre de composition (*h*).

(*g*) La nature harmonique de la quarte a toujours été un sujet de discussion parmi les écrivains modernes. Zarlin, Artusi et un grand nombre des plus savans et des plus célèbres la regardent comme une *consonnance*; les praticiens modernes la qualifient de *dissonance*. Ce n'est point ici le lieu de discuter cette question ; l'objet important est de savoir comment on doit employer cet intervalle, et tout le monde est d'accord sur ce point. Quant à sa nature, voyez notre *Introduction à l'Étude générale et raisonnée de la Musique*, première partie, première section, liv. II.

(*h*) On appelle *quintes, octaves couvertes* celles qui, dans une succession directe, s'obtiennent en suppléant les notes de passage. (Voyez *fig.* 9, *d*, *d'*.)

(B). Le mouvement oblique a lieu quand une ou plusieurs parties restant sur le même degré, les autres continuent de monter ou de descendre diatoniquement ou par sauts (*fig.* 10, *a*, *b*, *c*).

(C). Le mouvement contraire a lieu lorsqu'une des parties monte et que l'autre descend par degrés ou par sauts (*fig.* 11, *a*, *b*, *c*).

(D). On peut, dans une composition à plusieurs voix, combiner ensemble les divers mouvemens (*fig.* 12, *a*, *b*).

CHAPITRE IV.

Des Modes.

Nota. La doctrine de l'auteur, ou, pour mieux dire, l'exposition qu'il fait de la doctrine ordinaire des modes, étant absolument inintelligible, nous avons pris le parti de la refaire comme il suit, au lieu de nous attacher à le traduire textuellement.

(7). ON entend par *mode*, en Musique, l'ordre constitutif qu'occupent les tons dont est formée la mélodie, ou plutôt ces tons eux-mêmes, comme dans le langage ordinaire l'alphabet est le système des sons dont est formé le discours. On appelle *échelle du mode* la série des tons du mode procédant immédiatement du grave à l'aigu ou de l'aigu au grave ; et pour chaque mode on a trois sortes d'échelles, savoir, l'*échelle diatonique*, l'*échelle chromatique* et l'*échelle enharmonique*. Ces notions devant être familières au lecteur, nous n'insistons point sur cet objet, quelqu'important qu'il soit.

On reconnaît en Musique deux sortes de modes; les *modes anciens* ou *modes ecclésiastiques*, et les *modes modernes* ou *modes vulgaires ;* il est nécessaire de bien savoir en quoi consistent les uns et les autres.

(8). Les modes modernes ou modes vulgaires sont généralement bien connus. On sait qu'il y a deux modes primitifs, l'un majeur, celui d'*ut*; l'autre mineur, celui de *la* (*i*), et que ces deux modes peuvent être transposés en un grand nombre de manières. Les modes anciens ou modes ecclé-siastiques sont plus nombreux. Pour en bien connaître la constitution, il faut d'abord remarquer que dans le chant ecclésiastique ou grégorien, la mélodie ne doit point en gé-néral excéder l'étendue de l'octave. En second lieu, chacune des notes de l'échelle diatonique ou gamme, *ut*, à l'excep-tion de *si*, peut servir de finale, ce qui donne d'abord six échelles différentes : en outre, dans chacune de ces échelles la finale peut occuper le bas ou le milieu de l'octave, ce qui donne deux modes pour chaque échelle, en tout douze pour le plain-chant. (Voyez *fig.* 13. I. II. III. IV. V. VI., pour l'étendue et la position primitive de ces douze modes.)

(9). Les modes impairs sont appelés *modes authentiques* ou *modes supérieurs;* les modes pairs sont appelés *plagaux*, *collatéraux* ou *inférieurs*. Ces modes répondent aux modes grecs, dans l'ordre suivant :

1er.	(*j*) hyper.	} Dorien.	7e.	hyper.	} Mixo-Lydien.
2e.	(*k*) hypo.		8e.	hypo.	
3e.	hyper.	} Phrygien.	9e.	hyper.	} Æolien.
4e.	hypo.		10e.	hypo.	
5e.	hyper.	} Lydien.	11e.	hyper.	} Ionien ou Jastien.
6e.	hypo.		12e.	hypo.	

(*i*) Dans la vue de simplifier et d'abréger, nous suivrons ici les notions communes, qui peuvent suffire pour la pratique. On en trouvera de plus exactes et de plus approfondies dans notre *Introduction à l'Étude générale et raisonnée de la Musique*, première partie, première sec-tion, livre premier, chap. I.

(*j*, *k*) Les prépositions grecques *hyper* et *hypo* signifient, l'une *sur*, et l'autre *sous*, ce qui exprime les idées de supérieur et d'inférieur que nous venons d'exposer.

Tous ces modes peuvent se transposer de toutes les manières imaginables.

On appelle *mode mixte* celui qui comprend l'étendue de deux modes; il est évident qu'il y a six modes mixtes.

Outre sa finale, chaque mode a encore une corde remarquable; c'est sa dominante. Cette note forme la quinte au-dessus de la finale dans les modes authentiques, à l'exception du 3ᵉ, où elle forme la sixte; celle des modes plagaux est à la tierce au-dessous de celle de l'authentique correspondant, à l'exception du 8ᵉ, où elle est à la seconde. Ainsi les modes plagaux ont leur dominante à la tierce au-dessus de leur finale, à l'exception du 4ᵉ et du 8ᵉ, qui l'ont à la quarte. Ces cordes sont indiquées en notes noires dans l'exemple ci-dessus (*fig.* 13).

Voilà la doctrine ordinaire, et ce qu'il y a de plus important à savoir sur les modes anciens : revenons aux modes modernes.]

(10). Ces modes sont réputés au nombre de vingt-quatre, quoiqu'en faisant le tour entier du clavier par les dièzes, et de même par les bémols, on puisse les porter jusqu'à quarante-deux; mais comme on peut, à l'aide des bémols, rendre plus faciles ceux qui sont trop chargés de dièzes, et réciproquement, et que cette conversion ne produit aucune différence à l'oreille, alors on s'en tient à vingt-quatre modes, dont douze majeurs et douze mineurs. Ces derniers ont leur échelle commune avec ceux des premiers qui sont placés une tierce plus haut. (Voyez *fig.* 14.) Le *N. B.* placé entre le mode de *fa*✳ majeur et celui de *mi*♭ mineur, signifie que pour passer du premier dans son mineur relatif, il faudrait prendre celui de *re*✳ mineur, mais que du mode majeur de *sol*♭ (équivalent à *fa*✳) on passe dans le mineur de *mi*♭.

(11). Si un élève me demandait quels sont les modes que

peut parcourir un morceau de longue haleine, tel que
la première ou la seconde partie d'un allégro de symphonie,
de concerto, de quatuor, de quintetto, tel qu'un psaume ou
bien une longue fugue, je lui répondrais : cinq modes analogues seulement, qui, dans les modes majeurs, se trouvent
en montant, et dans les modes mineurs, en descendant,
avec leurs tierces naturelles, selon l'ordre que l'on voit, *fig*.15.
Ainsi le mode majeur d'*ut* et le mode mineur de *la* ont les
mêmes analogues; il en est de même des modes de *sol* majeur et de *mi* mineur, et ainsi de suite pour tous les majeurs
et mineurs relatifs.

L'ordre le plus général pour passer d'un mode principal
dans les tons analogues, est celui-ci : Du mode majeur principal on passe au mode majeur de la cinquième de son
échelle, et de là au mineur de la sixième, puis dans le mode
majeur de la quatrième, qui mène au mineur de la seconde;
enfin on passe, si l'on veut, au mode mineur de la troisième.
Lorsque l'on cesse de parcourir ces modes analogues, il faut
tâcher de rentrer dans le mode principal, dans lequel on doit
toujours terminer après toute modulation, quelle que soit son
étendue.

(12). Cette formule de modulation se fait mieux entendre
par un exemple. D'*ut* majeur on passera en *sol* majeur, de là
en *la* mineur, puis en *fa* majeur, en *ré* mineur, enfin en *mi*
mineur, pour finir en *ut* majeur, mode par où l'on a commencé.

La modulation en mode mineur suit un ordre différent.
Du mode principal on préfère passer au majeur de la troisième, comme de *la* mineur en *ut* majeur, de celui-ci dans
le majeur de la septième du mode principal, par exemple,
en *sol* majeur; de là au mineur de la cinquième *mi*, de celui-
ci à celui de la quatrième *ré*, et de là au majeur de la
sixième, d'où l'on retourne au mode principal *la* mineur.

Au reste, l'ordre que nous venons de prescrire n'est point obligatoire; chacun peut suivre celui qui lui plaira, pourvu que l'on ne marche pas par degrés, ce qui n'est permis que dans les airs d'opéra et les récitatifs, pour amuser l'auditeur.

(13). Il faut remarquer que la septième corde de l'échelle, soit naturelle, soit abaissée d'un demi-ton dans les modes majeurs, et la seconde dans les modes mineurs (*si*♮ ou *si*♭ pour les modes d'*ut* et de *la*), ne fournissent pas de modes relatifs. Mais si, pour récréer notre oreille, qui, comme notre palais, n'aime point à se repaître toujours des mêmes mets, si, dis-je, un compositeur habile veut, par des transitions subites, produire un effet inattendu, selon la mode de nos jours, il peut, et particulièrement dans la seconde partie d'une longue pièce, se servir du mode de cette septième corde, et d'autres encore plus éloignés; mais il faut qu'il en use avec discernement et non point avec brusquerie; il faut qu'il sache bien traiter les genres chromatique et enharmonique, et bien enchaîner les modulations qu'ils procurent, pour rendre supportables ces sortes de transitions subites, qui ne doivent pas se représenter souvent dans une même pièce. Toutes les fois que l'on fera un passage enharmonique, il sera à propos de donner à la partie qui contient le trait une ligature, particulièrement dans les violons et les instrumens à vent, afin que la musique, accompagnée de l'orgue, instrument qui, à raison du tempérament, n'a point de quart de ton, ne paraisse pas discordante. Par exemple, si un violon ou un hautbois passait immédiatement, soit en montant, soit en descendant, du *sol*✳ au *la*♭, ou du *ré*✳ au *mi*♭, il faudrait dans l'exécution donner le même ton à ces deux sons, qui autrefois différaient d'un quart de ton, et qui sont représentés par des notes différentes (*fig.* 16, *a*, *b*).

CHAPITRE V.

De l'Echelle des anciens et des modernes dans la basse,
avec l'harmonie qui lui est propre.

(14). COMME tous les lecteurs n'ont point étudié l'accompagnement, il est nécessaire d'expliquer ici les accords que l'on place sur les tons de l'échelle diatonique, lorsque l'on veut la parcourir soit en montant, soit en descendant. On doit en ce cas se servir de l'harmonie des anciens ou de celle des modernes, puisque l'une et l'autre sont bonnes selon les cas.

Voyez, *fig.* 17, *a*, l'échelle du mode majeur d'*ut* avec l'harmonie ancienne, qui ne contient que des accords parfaits ou des accords de sixte majeure et mineure. Les parties supérieures peuvent se renverser, c'est-à-dire prendre la place l'une de l'autre dans cet exemple, aussi bien que dans l'exemple 17. *b*, qui contient l'échelle du mode mineur. Ces deux échelles servent pour tous les modes possibles dans la composition sévère.

(15). On voit, *fig.* 18, *a* et *b*, l'échelle des modes majeurs et mineurs, avec l'harmonie des modernes, contenant trois accords parfaits, deux imparfaits et trois dissonans : les parties supérieures peuvent se renverser, et ces deux échelles servent également de modèle pour tous les modes dans la composition libre.

On remarquera que dans le mode mineur on fait, pour avoir un meilleur chant, la sixième et la septième majeures en montant, mais elles demeurent mineures en descendant. Cette altération est remarquable lorsque l'échelle est dans le chant (*fig.* 19).

Souvent, dans un mouvement lent, le sixième degré est

mineur en montant; mais dans un mouvement rapide, il est toujours majeur (*fig.* 20).

(16). Il faut remarquer que les échelles majeures et mineures des modernes, avec leur harmonie, ne conviennent pas pour la première espèce de composition en style sévère, parce que les dissonances non préparées qu'elles renferment ne peuvent s'employer que dans un style libre, où l'on peut d'ailleurs entremêler les échelles majeures et mineures et les passages chromatiques. Nous avons maintenant à examiner ce qu'il faut faire quand la basse ne parcourt pas les huit degrés. La règle, dans ce cas, est de donner toujours un accord parfait à la dernière note du chant, à moins que l'on ne veuille finir par une surprise. Voyez *fig* 21, *a*, où l'harmonie en *ut* convient à la composition sévère, et 21, *b*, où l'harmonie en *la* convient au style libre.

(17). On demande encore ce qu'il faut faire lorsque la partie de basse procède par sauts. Voici la règle à cet égard.

Quand la basse monte de tierce ou descend de sixte, l'harmonie reste immobile en accord parfait (*fig.* 22, *a*).

Lorsque la basse monte de quarte ou descend de quinte, chaque note du mouvement porte un accord parfait dont la nature est déterminée par le mode et le rang que les notes occupent dans l'échelle (*fig.* 22, *b*).

La même harmonie a lieu sur le saut de quinte en montant, et de quarte en descendant (*fig.* 22, *c*).

Sur le saut de sixte en montant, ou de tierce en descendant, on donne à la seconde note tantôt la sixte (*fig.* 22, *d*), tantôt la quinte (*fig.* 22, *e*).

Sur le saut de septième mineure en montant, ou de seconde majeure en descendant, on donne, par mouvement oblique, à la seconde note, seconde, quarte et sixte majeures (*fig.* 22, *f*).

Sur le saut de septième majeure ou de seconde mineure, si la seconde note est de passage, on lui donne seconde, quarte et sixte (*fig.* 22; *g*); si elle doit porter harmonie, on lui donne quinte mineure avec tierce et sixte (*fig.* 22, *h*).

Sur le saut d'octave, l'harmonie reste immobile (*fig.* 22, *i*) (*).

(18). Il arrive aussi fort souvent que l'on ait la basse et les parties intermédiaires à placer sous une partie supérieure. Si les sauts de cette partie supérieure sont tels que l'harmonie, ou du moins la basse, ne puisse rester la même, alors on emploiera les accompagnemens que l'on voit dans l'exemple 23, pour les mouvemens ascendans, et dans l'exemple 24, pour les mouvemens descendans.

(19). On voit par tout ce qui précède, qu'à chaque échelle on peut faire des accompagnemens de plusieurs espèces, principalement dans la composition libre. Il est permis aussi d'employer d'autres accords; car si, dans les exemples 23 et 24, le *sol* n'était pas note initiale, on pourrait placer au-dessous la tierce, la quinte, ou la sixte; mais alors les parties intermédiaires procéderaient différemment. Ces trois consonnances sont, avec l'octave [et l'unisson] les seuls intervalles que l'on puisse employer, au temps fort, dans les parties supérieures, jusqu'à la quatrième espèce de la composition rigoureuse. Dans la seconde espèce, où le plainchant exige deux notes contre une, le mouvement oblique est celui qui rend le plus de services; il n'est pas moins utile dans

---

(*) *Note de l'auteur.* Les sauts de basse, notés dans la ligne inférieure de ces exemples, sont le renversement de ceux que l'on voit pour la même partie dans la ligne qui est immédiatement au-dessous; c'est pourquoi ils conservent la même harmonie : les renversemens du contre-point double sont d'une toute autre nature.

la troisième, où l'on met quatre, six et même huit notes contre une (*l*).

CHAPITRE VI.

De la Composition sévère et de la Composition libre, *en général.*

(20). P A R le terme de *composition sévère*, j'entends celle qui se fait pour les voix seules, sans l'accompagnement d'aucun instrument. Ce genre de composition est soumis à plus de règles que la composition libre, parce qu'un chanteur ne trouve pas si facilement les tons qu'un instrumentiste. Le plus souvent, dans les églises, il s'exécute avec l'accompagnement d'orgue; souvent aussi on y ajoute les violons et les hautbois à l'unisson avec le dessus; les trombones et l'alto, avec le contre-alto et le tenor; la contre-basse, le violoncelle et le basson, avec la basse de chant ou d'orgue.

Lorsqu'il n'y a pas d'accompagnement d'instrumens, comme il se pratique en la semaine sainte, dans les chapelles des princes , il faut éviter les sauts de dissonance (ceux de quarte et quinte mineure exceptés, quand ils se résolvent bien et promptement). Il ne faut pas non plus prendre ou quitter par saut une dissonance. Les unissons, octaves et quintes couvertes ne sont jamais permises dans la composition à deux voix, dans les cinq espèces qui se pratiquent dessus ou dessous le plain-chant; quelques-unes le sont dans la composition à trois voix; on en permet encore davantage dans celle à quatre voix, et ainsi de suite ; cependant il faut les éviter entre la basse et la partie supérieure.

(*l*) On trouvera ci-après quelques préceptes et observations sur la même matière, qui compléteront les notions établies dans ce chapitre. (Note *p*.)

(21). La première espèce de composition, à quelque nombre de voix que ce soit, n'admet aucun accord dissonant; elle ne se fait qu'avec des accords, soit de tierce et quinte, soit de tierce et sixte majeure ou mineure; on n'y souffre même pas l'accord de quarte et sixte. La seconde et la troisième espèce admettent les dissonances moyennant certaines conditions, c'est-à-dire par degrés et au temps faible de la mesure; on les admet quelquefois au frappé, par *échange de notes;* on les pratique aussi à découvert, par renversement, en sautant d'une septième dans les parties supérieures, au lieu de descendre d'une seconde ou d'une quarte dans la basse. Il y a aussi une espèce de *notes saillantes* qui s'emploient en la composition libre, dans la troisième et la quatrième espèce, mais qui sont rejetées dans la composition sévère. (Voyez *fig.* 25.)

(22). Dans la composition sévère, toute dissonance liée doit être préparée par une consonnance et résolue en consonnance, en descendant et non en montant, d'une seconde majeure ou mineure. Ces dissonances ne s'emploient que dans la quatrième espèce. Les passages chromatiques et enharmoniques sont encore défendus dans ce genre de composition.

La composition sévère admet cinq espèces, comme on le voit dans cet ouvrage et dans celui de Fux. Pour plus de commodité, tous les exemples sont donnés dans la mesure *alla breve* à deux temps; on aurait pu employer toute autre sorte de mesure. Ce genre de composition comprend encore les imitations à la manière d'église, les contre-points sévères avec ou sans plain-chant, la double fugue et le canon; enfin toutes les pièces de contre-point à *capella* pour les voix, et principalement celles qui sont sans accompagnement d'instrumens. Dans aucune de ces espèces elle ne permet d'employer en mélodie deux fois de suite la même note dans la même

même mesure. Cependant cette règle a deux exceptions : la première, dans la cinquième espèce, sur une ligature rompue ; la seconde, dans les parties vocales, particulièrement sur des syllabes brèves qui exigent de faire deux petites notes pour une plus grande, cas auquel on peut même ôter aux syncopes le signe de liaison (*fig.* 26).

(23). La composition libre est celle où, selon les cinq espèces, on peut, dans les contre points, les imitations et les fugues, employer dans toutes les parties de la mesure, un accord dissonant sans préparation (*m*) ; ces accords doivent néanmoins avoir toujours leur résolution naturelle. La quatrième note de l'échelle, accompagnée de la septième, doit se résoudre en descendant d'un demi-ton, et cette septième doit monter du même intervalle. Cela a lieu dans la composition sévère, aussi bien que dans la composition libre, toutes les fois que l'on ne veut point faire de cadence par *inganno*.

Dans la composition libre, on s'attache rarement à l'une des cinq espèces exclusivement ; on prend toutes sortes de notes, tant pour le chant principal que pour les parties de contre-point. On se sert aussi de soupirs et d'une courte pause, principalement dans les parties de chant et d'instrumens à vent, pour donner la facilité de respirer. On emploie des appogiatures ou autres ornemens, selon que la beauté du chant l'indique. On peut aussi placer dans une mesure deux ou trois fois de suite la même note, surtout dans la musique instrumentale. Enfin, on permet tous les sauts de dissonance, principalement pour les instrumens d'archet et les bassons, pourvu qu'ils soient employés naturellement.

(24). La composition libre est d'usage dans les trois styles,

(*m*) Il s'agit ici de la septième de dominante, de ses dérivés et des accords de substitution.

2

celui d'église, de chambre ou de théâtre ; par exemple, dans les messes, graduels, offertoires, psaumes, hymnes accompagnés de l'orgue : dans les fugues où l'on emploie certaines dissonances sans préparation, et où d'autres se résolvent en montant diatoniquement ; telle est, par exemple, la seconde de la partie supérieure résolue sur la tierce, seconde qui, dans la composition à trois voix, s'accompagne de la quinte ou de la sixte :
$\frac{5-}{2\;3}$, $\frac{6-}{2\;3}$; et dans celle à quatre voix, de quarte juste et septième majeure $\begin{matrix}{}^{+}7 & 8 \\ 4 & 3 \\ 2 & 3\end{matrix}$.

Aujourd'hui on trouve cent exemples de composition libre contre un exemple de composition sévère. C'est au premier de ces genres qu'appartiennent les ariettes, duos, trios, etc. modernes ; les symphonies, les chœurs de théâtre ; les ariettes de chambre accompagnées du clavecin et du violon ; les trios, quatuors, quintettis et concertos pour toute sorte d'instrumens. Je n'ai pas besoin de rapporter ici aucun de ces morceaux ; je conseille seulement à ceux qui voudront se livrer à la composition, de mettre en partition des pièces des bons maîtres, dans le genre pour lequel ils sentiront le plus de goût ou de disposition. Mais comme on ne saurait parvenir, dans la composition sévère, ni dans la composition libre, au degré de pureté nécessaire sans l'étude du contre-point, il faut commencer, avant tout, par l'étude de la composition sévère à deux voix (n).

_____

(n) Il existe en effet dans la composition deux systèmes de facture qui diffèrent singulièrement entr'eux, et sur la nature desquels la plupart des professeurs n'ont que des idées fort confuses et fort inexactes ; nous allons essayer d'établir à ce sujet des notions claires et déduites de la connaissance la plus intime des véritables principes de l'art.

Nous avons déjà fait voir (art. 7 et suiv.) qu'il existait dans la Musique de

II.

CONTRE-POINT SIMPLE A DEUX PARTIES.

CHAPITRE VII.

*De la première espèce du Contre-Point sévère à deux voix,
dite de note contre note.*

(25). On prescrit pour cette espèce les règles suivantes :
(α). Lorsque, dans une succession de deux accords [ou
intervalles consonnans] le second de ces accords est une

---

nos jours deux sortes de tonalité, 1° la tonalité antique, reste de celle des
Grecs, et qui subsiste encore aujourd'hui dans le plain-chant, autrement
appelé *chant grégorien*, en usage dans l'église catholique, et principalement dans l'église romaine ; 2° la tonalité moderne ou tonalité vulgaire,
qui est généralement en usage chez les nations modernes de l'Europe. Or
ces deux tonalités sont la base de chacun des systèmes de facture dont nous
parlons. On nomme *facture, style, genre ou composition antique*,
celle qui est faite sur les modes anciens ou modes de l'église, et *facture,
style, genre ou composition moderne*, celle qui se fait sur les modes
modernes ou modes vulgaires. La composition ou facture antique se nomme
autrement *style de chapelle, style d'église ou style sévère*. Le nom de
style de chapelle ou d'église, vient de l'usage auquel ce genre de composition est exclusivement consacré ; celui de style sévère vient, 1° de la
limitation des moyens que l'on y emploie ; 2° de la sévérité avec laquelle
on y observe toutes les règles, tant celles de la mélodie que du contre-point.
La composition ou facture moderne se nomme *style idéal* (en allemand
galant ou freye Styl). Le nom de style idéal vient de ce que les
compositeurs modernes, accoutumés à ce style, qui est leur idiome ma-
ternel, y donnent plus facilement cours à leurs idées que dans le style

2..

consonnance parfaite, il faut, du premier au second de ces accords, éviter le mouvement semblable et préférer le mouvement contraire ou oblique (*fig.* 27, *a*, *b*); il importe peu que le premier accord soit parfait ou imparfait.

D'après cette première règle, les exemples suivans sont fautifs ou incorrects, à cause des quintes, octaves et unissons, tant consécutifs que couverts, qu'ils contiennent (*fig.* 28, *a*, *b*, etc.).

---

de chapelle, où ils s'astreignent davantage à l'arrangement des parties; celui de *style libre* vient de ce qu'il emploie des moyens plus étendus et que dans ses différens genres il admet plus facilement les licences que le premier.

Il ne faut cependant pas croire que la facture antique soit exclusivement sévère, et la facture moderne exclusivement idéale et libre. Le style moderne a sa correction et sa régularité, qui sont aussi rigoureuses que celles du style sévère : celui-ci, de son côté, présente des idées et admet des licences aussi bien que le style moderne; mais chacun sait que les dénominations vulgaires sont généralement inexactes, étant ordinairement fondées sur des notions peu approfondies.

Chacun de ces styles emploie les voix et les instrumens, en un mot, tous les moyens d'exécution, soit séparés, soit réunis; seulement le style sévère, dans l'usage ordinaire, est plus réservé dans l'emploi de ces moyens.

Le style sévère, dans l'acception que nous venons d'établir, est à peine connu aujourd'hui. Cet ouvrage même, ainsi qu'on l'apercevra par la suite, appartient principalement au style moderne. Notre auteur se sert cependant souvent du terme de *facture* ou *composition sévère*; mais par ce terme il ne faut, en général, entendre que composition ou facture correcte et régulière dans la manière moderne.

Les meilleurs auteurs que l'on puisse consulter sur la facture antique, sont les anciens auteurs français et italiens qui ont écrit depuis Tinctoris jusqu'au père J.-B. Martini, de Bologne; les meilleurs sur la facture moderne sont ceux de l'école de Naples, depuis A. Scarlatti jusqu'à Sala; et les Allemands, notamment Mattheson, Marpurg, Bach, Kirnberger, Koch, etc. Les auteurs français du dix-huitième siècle, tels que Rameau, d'Alembert, Rousseau, Béthisy, Roussier, etc., n'ont donné sur ces matières que des systèmes erronés.

Il faut aussi, même dans le mouvement contraire, se garder des suites de quintes et d'octaves, particulièrement lorsque l'on accompagne avec un orgue qui a des pédales et sur lequel, en touchant avec le pied les tons graves, on change les sauts de quinte en sauts de quarte, et réciproquement, ce qui produit quelquefois des suites de quintes ou d'octaves.

(ϛ). Lorsque le second accord est une consonnance imparfaite, on peut employer l'un quelconque des trois mouvemens, quel que soit le premier accord (*fig.* 29).

Et comme, dans les quatre espèces suivantes, on emploie aussi les dissonances, nous les rangerons avec les consonnances imparfaites, et aux deux règles précédentes nous ajouterons encore ce qui suit : le premier accord peut être parfait, imparfait ou dissonant.

(γ). Le contre-point doit commencer et finir en consonnance parfaite (Voyez note *b'.*), en observant cependant que le contre-point supérieur ne doit pas finir, ni le contre-point inférieur commencer par une quinte.

(δ). Dans toutes les mesures ou parties de la mesure, il ne faut employer que des consonnances, et plus d'imparfaites que de parfaites. (Ces dernières sont l'unisson, la quinte et l'octave; les imparfaites sont la tierce et la sixte, majeure et mineure.) (*o*).

(ε). Hors la première et la dernière mesure, il faut absolument éviter l'unisson, parce qu'il a trop peu d'harmonie (*p*).

(*o*) Cette règle est vraie quant au contre-point moderne; quant au contre-point antique, il faut préférer les consonnances parfaites.

(*p*) Cette règle s'applique à l'octave, que l'on peut cependant employer, pourvu que ce soit par écartement et non par rapprochement. Cette consonnance s'emploie aussi par mouvement oblique (*fig.* 30).

(ζ). Lorsque le sujet ou plain-chant se trouve dans la partie supérieure [et qu'il se termine en descendant diatoniquement], la basse doit donner tierce ou dixième mineure, suivie de l'unisson ou de l'octave ; lorsque le sujet est dans la basse, la partie aiguë donnera sur l'avant-dernière note la sixte suivie de l'octave (*fig.* 33, *b*).

(η). On défend deux tierces majeures de suite sur le saut de seconde majeure (*fig.* 31, *a*, *a'*), mais non sur celui de seconde mineure (*fig.* 31, *b*, *b'*), parce qu'il en résulte sur le premier une relation de triton ; elles sont également défendues sur le saut de tierce majeure, à cause de la relation de quinte majeure qu'elles produisent (*fig.* 31, *c*, *c'*), et sur celui de quinte (*fig.* 31, *e*, *e'*), à cause de la relation de septième majeure ; mais elles peuvent s'employer sur celui de quarte majeure (*fig.* 31, *d*, *d'*). Dans les terminaisons, on permet deux tierces majeures sur le saut de seconde majeure (*fig.* 31, *f*, *f'*).

(θ). Les cadences pleines (*fig.* 32, *a*) et les demi-cadences (*fig.* 32, *b*) sont défendues dans le cours d'un morceau ; on permet les demi-cadences dans les deux dernières mesures.

(ι). Tous les sauts d'intervalles superflus, la plupart des intervalles diminués et les trois septièmes, sont défendus, tant en montant qu'en descendant (*fig.* 33).

Comme dans les chœurs à quatre voix on ne doit pas employer de saut plus grand que celui de l'octave, il s'ensuit qu'il ne reste de permis dans ce genre que les intervalles cités exemple 34.

Ceux de l'exemple 35 sont permis dans le style libre accompagné [ou même non accompagné] d'instrumens.

(κ). Il ne faut point faire, sans nécessité, plus de trois tierces ou sixtes de suite, par mouvement semblable, parce que cela donne au contre-point une tournure de chant populaire.

On ne doit point faire de pauses de plus de trois mesures dans le contre-point à deux voix, la mesure étant *alla breve*, $\frac{2}{4}$, $\frac{3}{4}$ ou $\frac{3}{2}$, parce que cela rend la composition lâche. Le tasto-solo fait exception à cette règle dans la composition à trois et à un plus grand nombre de parties.

N. B. Si les sauts de septième majeure et neuvième sont défendus à trois ou quatre parties, c'est qu'ils produisent de mauvais chants.

CHAPITRE VIII.

Continuation du précédent.

(26). Il est impossible à l'élève de composer une ou plusieurs parties sur un sujet quelconque, soit d'invention, soit donné par le maître, avant d'avoir bien examiné la nature de ce sujet et de s'être assuré des modes qu'il parcourt ou qu'il renferme. Il faut donc d'abord prendre un sujet des plus simples, dans un des huit modes de l'église, ou [plutôt] dans un des modes les plus usités des vingt-quatre modes modernes. On remarquera ensuite qu'une mélodie quelconque ne reste pas toujours dans le mode principal, qui est indiqué par la première et la dernière note de la mélodie, mais qu'il parcourt ordinairement les modes relatifs.

Ainsi dans l'exemple 36, la première et la dernière note du sujet appartiennent à l'accord parfait majeur d'*ut* ; la 2e et la 3e, à celui de *sol* ; la 4e et la 5e, à celui d'*ut* ; la 6e et la 7e, au mineur de *la* ; la 8e et la 9e, au mineur de *mi* ; la 10e, à celui de *la* ; la 11e, au mineur de *ré*, à moins que l'on ne prenne ces deux dernières dans le majeur de *fa* ; la 12e fait l'octave dans celui de *sol* ; la 13e peut être

regardée comme fondamentale du majeur d'*ut*, ou comme
tierce dans le mineur de *la*, ou comme sixte de *mi*, lorsque
le sujet est dans le chant; la 14ᵉ peut être prise comme
quinte de *sol*, lequel *sol* ne peut se montrer que dans la composition à trois ou à un plus grand nombre de parties, pour
former la cadence; dans la composition à deux voix, on
place le *si*, en pareil cas. Les terminaisons +6 8 et ♭3 1,
que nous employons dans les cinq espèces, sont ce que
l'on nomme des *demi-cadences*. — D'après les observations
que nous venons de faire, on traitera le sujet dont il s'agit
comme on le voit exemple 36 (*q*).

(*q*) Toute l'harmonie dérive des accords consonnans; ces accords sont
au nombre de deux, l'accord de tierce et quinte, l'accord de tierce et
sixte; nous ne parlons pas de celui de sixte et quarte, qui n'est employé
que dans les terminaisons, ni de ceux de 7ᵉ et de 9ᵉ de dominante, qui
sont, ainsi que leurs dérivés, une simple modification de l'harmonie
de cette note, propre au style moderne.

Toute la difficulté consiste donc à savoir quand on doit employer
l'harmonie de quinte ou l'harmonie de sixte. Voici les règles à cet égard.

Les anciens plaçaient en général la quinte sur toutes les notes de
l'échelle, à l'exception du *si*, dont la quinte est mineure, et auquel ils
donnaient la sixte : les modernes ayant reconnu que cette harmonie phra-
sait médiocrement, ont établi cette loi fondamentale : toute tonique ou
dominante doit porter quinte; toute autre note doit porter sixte.

C'est de cette loi fondamentale que l'on a déduit la règle relative à
l'accompagnement de l'échelle du mode et des mouvemens ou marches de
la basse.

En vertu des règles établies sur l'accompagnement de l'échelle, la première, les quatrième et cinquième notes du mode doivent généralement
avoir la quinte, parce qu'elles sont ordinairement notes de repos; la
deuxième et la sixième peuvent porter quinte ou sixte, selon qu'elles sont
finales ou transitives; la troisième et la septième étant généralement de ce
dernier genre, ne peuvent ordinairement porter que la sixte.

Quant aux mouvemens, ils sont, comme on sait, au nombre de sept,
savoir : uniton et seconde, tierce et quarte ascendantes ou descendantes;

(27). Quand on transporte, ainsi que cela doit toujours se pratiquer, le plain-chant d'une partie dans une autre,

---

Cela posé, sur le mouvement d'uniton l'harmonie peut rester immobile ou passer de la quinte à la sixte, et réciproquement. — Sur le saut de seconde ascendante, si la première est tonique et la deuxième transitive, on donnera quinte, puis sixte; au contraire, si la première est transitive et la deuxième tonique, on donnera sixte, puis quinte; c'est ce qui arrive surtout quand le saut de seconde est mineur. Si les deux sont toniques, elles auront quinte l'une et l'autre, comme il arrive dans la cadence rompue. — Sur le saut de seconde descendante, si la première note est tonique et la deuxième transitive, on donnera quinte, puis sixte; au contraire, si la première est transitive et la seconde tonique, on donnera sixte, puis quinte; si les deux sont transitives, on donnera sixte à toutes deux. — Sur le saut de tierce ascendante, même règle : si les deux notes sont toniques, toutes deux auront la quinte ; si la première est tonique et la deuxième transitive, on donnera quinte et puis sixte, comme quand on va de la première à la troisième de l'échelle; au contraire, si la première est transitive et la seconde tonique, comme quand on va de la troisième à la cinquième, on donnera sixte, puis quinte; si toutes les deux étaient transitives, elles porteraient sixte. — Sur le saut de tierce descendante, si toutes les deux sont toniques ou transitives, toutes deux auront quinte dans le premier cas, et sixte dans le second. Si la première est tonique et la deuxième transitive, comme quand on va de la cinquième à la troisième de l'échelle, on donnera quinte, puis sixte; si la première est transitive et la deuxième tonique, comme de la troisième de l'échelle à la première, ou de la sixième à la quatrième, on donne sixte, puis quinte. — — Sur le saut de quarte ascendante, on agira de la même manière; le plus souvent les deux notes seront toniques comme de la première à la quatrième de l'échelle, de la deuxième à la cinquième; quelquefois aussi elles sont purement transitives. — Les mêmes observations ont lieu sur le saut de quarte descendante ; le plus souvent les deux notes sont toniques; quelquefois l'une est tonique, l'autre transitive, comme quand on va de la sixième à la troisième après une cadence rompue ; quelquefois aussi toutes les deux sont transitives, comme de la troisième à la septième, etc.

Quoi qu'il en soit, tous ces détails servent à démontrer la vérité de la règle générale, et à faire voir que tout le talent du contrapuntiste, lors-

il faut à chaque déplacement changer quelque chose dans
l'harmonie, parce que l'auditeur desire naturellement de
trouver de la variété, et que la simple transcription du contre-
point, une octave plus haut ou plus bas, ne produit rien de
nouveau (*fig.* 37). La même chose se doit observer quel
que soit le nombre des parties de la composition.

(28). Comme dans la première espèce à deux, trois ou
quatre parties, on ne peut employer que des accords parfaits
et des accords de sixte, il s'ensuit que dans un morceau à
deux voix, on peut employer la tierce majeure et mineure,
la sixte majeure et mineure, la quinte et l'octave justes. La
dixième majeure et mineure ne sont ici considérées que
comme des équivalens de la tierce majeure et mineure. On
peut aussi employer l'unisson, mais seulement au commencement et à la fin (25, γ). Ainsi lorsque dans un sujet pris
dans un mode facile et placé dans le dessus, on prend une

qu'il veut mettre l'harmonie sur la basse, consiste à bien observer quels
sont les repos de la mélodie, afin de donner à chaque note l'harmonie
qu'elle doit porter, selon son caractère de tonique ou de transitive. Il faut
observer que dans les cas douteux, il vaut mieux donner la quinte que
la sixte, à moins que cette dernière ne procure aux parties une marche
plus élégante.

Tout ce que nous venons de dire porte sur l'accompagnement d'un
sujet placé dans la basse; mais on en déduit facilement ce qui concerne
l'accompagnement d'un sujet placé dans le dessus. En effet, cette opération
consiste, 1º à former sous le sujet, à l'aide de sons harmoniques inférieurs,
une partie, la plus grave de toutes, à laquelle on donne le nom de *basse*;
2º à placer sur cette basse une harmonie, d'après les règles établies
précédemment; or la basse et l'harmonie doivent avoir, quant aux repos, la même direction que le chant. On conclura donc de là, 1º que
toutes les notes de chant sur lesquelles il y a repos final, devront avoir
l'octave pour basse; 2º que toutes les autres pourront avoir tierce, quinte
ou sixte; pourvu que ces dernières, portant l'harmonie qui leur est due,
contiennent la note du chant à laquelle elles répondent.

note quelconque, *mi*, par exemple, on peut lui donner pour basse une des six notes que l'on voit *fig.* 38, *a*, tantôt l'une, tantôt l'autre, selon les cas. Si le même *mi* est dans la basse, on peut placer au-dessus une des six notes que l'on voit *fig.* 38, *b*, d'après les règles et observations établies ci-dessus (note *q*).

(29). Dans la composition à trois voix, on peut placer sous *mi* les accords que l'on voit *fig.* 39, *a* quand il est au-dessus. On voit (*fig.* 39, *b*) ceux qu'il peut porter quand il est dans la basse.

Les mêmes accords peuvent avoir lieu à quatre parties, en y ajoutant seulement un quatrième intervalle qui sera le plus souvent l'octave ou la quinte juste, la tierce ou la sixte redoublée. Enfin, il ne faut pas négliger les règles d'un bon chant, et l'on doit les suivre dans le contre-point comme dans le plain-chant. En voici quelques règles. Après un saut de sixte ou d'octave en montant, le chant doit redescendre, *et vice versâ* [c'est-à-dire qu'après ces mêmes sauts en descendant, il doit remonter]. La note sensible doit toujours monter d'un demi-ton majeur sur le tonique. La quatrième note [accompagnée de la quarte majeure] doit descendre sur la troisième, surtout en majeur, sans qu'il soit nécessaire que l'accord attendu soit frappé, parce que les cadences d'inganno valent mieux [dans le cours de la composition.], et jusqu'à la cadence principale (*fig.* 40).

(30). Les anciens défendaient l'octave *à battuta* dans les morceaux à deux et même à un plus grand nombre de parties. Je ne voudrais pas employer cette consonnance dans la composition sévère, ni dans la composition libre à deux parties; mais elle peut être admise dans celle à trois: elle vaut encore mieux à quatre parties, surtout lorsqu'il s'agit du contre-point double à l'octave.

On appelle octave *à battuta*, celle qui tombe dans les bons
temps de la mesure. Dans les mesures à deux et à trois temps,
c'est le premier; dans celle à quatre temps, c'est le premier
et le troisième, et cela dans toutes les espèces de ces mesures : les autres temps se nomment *mauvais temps* ou *temps
faibles ;* nous en parlerons plus amplement en traitant de la
troisième espèce. Ainsi, quand la partie supérieure passe d'un
temps faible à un temps fort par un saut de quarte, de
quinte ou de sixte descendante, pour former octave par mouvement contraire, avec la partie inférieure qui monte d'une
seconde mineure ou majeure, cela s'appelle faire l'octave
à battuta ; ce qui peut arriver comme on le voit *fig.* 41,
où l'on trouve des exemples relatifs à la première espèce de
contre-point sévère (*a*) ou libre (*b*). Les exemples 42, *a*, *b* sont
relatifs à la seconde espèce, et les exemples 43, *a*, *b* à la
troisième.

La raison pour laquelle cette octave a été défendue,
est qu'elle ressemble trop à l'unisson (*fig.* 44). [Voyez ci-
devant 25, ɛ.]

(31) On voit, *fig.* 45, un exemple de la première espèce
de contre-point; cet exemple contient six fautes indiquées
par les chiffres placés sous la basse.

La première est que la basse ne commence pas dans le
même mode que le chant [qui est le sujet]; car le plain-
chant est en *ut* majeur et la basse en *fa.*

La seconde faute est l'unisson qui n'est permis qu'à la première et à la dernière note.

La troisième est l'octave en forme de cadence finale, précédée de la sixte majeure.

La quatrième est cette quarte superflue [placée sous le *mi*],
et qui est défendue dans la première espèce où l'on ne doit
employer que des consonnances.

La cinquième est dans cette multitude de sixtes qui se suivent et qui de même que les tierces produisent une harmonie puérile.

La sixième est, sans parler des octaves couvertes, la cadence de basse dans la partie inférieure ; car en style sévère, dans les morceaux à deux voix, l'avant-dernier accord doit toujours être la tierce mineure, lors même qu'au lieu de l'alto on se sert de la basse-taille.

L'exemple 46 vaut donc mieux que le précédent. Le signe NB que l'on voit sous la septième mesure, annonce qu'il est permis de croiser les parties.

(32). Maintenant, il faut placer le sujet dans la basse (*fig.* 47). Cet exemple renferme sept fautes indiquées par les chiffres placés au-dessus du contre-point. La première est le saut de quarte majeure d'*ut* en *fa**∗** qui se trouve dans le dessus entre la deuxième et la troisième note ⸺. La seconde est de la quatrième à la cinquième mesure où l'octave est prise par mouvement semblable, ce qui donne des octaves couvertes. Les octaves unissons et quintes couvertes ont lieu lorsque l'on emploie, même par saut, l'un de ces intervalles par mouvement semblable, parce qu'ils se manifestent en remplissant le vide par des notes de passage. Ainsi (*fig.* 48, *a, b*) si l'on remplit par des notes de liaison, le saut de *sol* à *ut* qui se trouve dans la partie supérieure sur le saut de seconde *si ut* que fait la basse, on trouve deux octaves entre ces deux parties. Les exemples 49 et 50 font voir la même chose pour les quintes et les unissons.

La troisième faute de l'exemple 47 est la quinte mineure dans la sixième mesure. — La quatrième faute est la même quinte dans la dixième mesure. — La cinquième faute est le passage chromatique qui se trouve de *fa**∗** à *fa*♮ dans la huitième à la neuvième mesure, parce que ces marches ne sont pas permises, en montant comme en descendant, dans cette espèce, sans accompagnement d'instrumens [en style sévère]. — La sixième est la tierce mineure sur l'avant-dernière note qui devrait avoir sixte majeure. — Enfin la septième faute est la quinte majeure placée dans la partie supérieure au lieu de l'octave ou de l'unisson.

(33). L'exemple 51 sera meilleur que le précédent. Le signe NB que l'on voit sur le *fa** de la troisième mesure dans la partie de contr'alto, annonce que le dièze a été employé à dessein, parce qu'il est permis quelquefois de passer dans les modes voisins. Le même signe placé sous le ténor, sert à faire remarquer le croisement des parties, ce qui est permis quand les parties sont ainsi rapprochées [et dans les terminaisons pour éviter de faire monter ou descendre excessivement l'autre partie]. Ils signifient encore que sur *mi* et *ré* on doit chiffrer 6 et non 3, parce que l'organiste ne doit pas croiser les mains en touchant la basse continue, et que si l'on mettait sur le ténor des 3 au lieu de 6, on toucherait des accords parfaits de *mi* et de *ré* au lieu des renversemens d'*ut* et de *sol* qu'il faut ici.

On voit (*fig.* 52) un autre exemple en *mi* mineur dans lequel, pour abréger, on a écrit le sujet une seule fois entre les deux contre-points, l'un au grave, l'autre à l'aigu.

(34). Nous avons déjà dit (art. 7 et suiv.) que les Grecs et d'après eux les anciens maîtres, comptaient douze modes propres. Le mode en *mi* qu'ils appellent *mode phrygien*, paraît être un mode bâtard (r). Il me paraît étrange que M. Fux, dans ses exemples, commence à l'accompagner de

---

(r) Selon les idées généralement reçues aujourd'hui sur le nombre et la constitution des modes, mais non selon la nature et la vérité.

la tierce mineure et finisse avec la tierce majeure, ainsi que les autres modes mineurs; cela n'ôte rien à la gloire de cet auteur qui a servi de maître et de modèle à tant de compositeurs : ce n'est pas sa faute si de nos jours les choses ont tellement changé. Les cinq autres modes authentiques seraient encore admissibles s'ils étaient revêtus des dièzes et des bémols nécessaires pour embellir la mélodie [et donner à ces modes la constitution reçue] (s).

(35). D'après cela, nous nous en tiendrons, en traitant des cinq espèces de composition, aux vingt-quatre modes modernes dont nous avons parlé au même endroit. Je desire seulement, en avançant dans les modes difficiles [et peu usités], que l'on se serve du mode majeur de *sol*♭ de pré-

---

(s) Le respect que tout traducteur doit à son original, nous a empêché de supprimer ce paragraphe, malgré les erreurs qu'il renferme. Il prouve que notre auteur, excellent maître de composition moderne, avait des idées inexactes sur la facture antique. Cette particularité ne nuit aucunement à son mérite, ni à celui de son ouvrage, que l'on doit regarder comme un bon rudiment, et le meilleur même que nous connaissions, pour l'étude de la composition moderne, de même que celui de Fux est un assez bon rudiment pour la facture antique. On remarquera cependant qu'en traitant les modes modernes, notre auteur s'est interdit, du moins dans ce qui a rapport au contre-point simple, l'emploi d'une partie des moyens usités dans la composition moderne, notamment les accords de dominante et leurs dérivés; il a conservé aussi quelques prohibitions et quelques usages réservés à la facture antique. Cette méthode n'a aucun inconvénient, puisqu'elle tend uniquement à accoutumer l'élève à une plus grande sévérité. Au reste, les personnes qui desireront avoir des notions plus complètes sur le rapport des deux factures, et sur la composition antique, devront consulter, quant au premier objet, notre Introduction à l'Étude générale et raisonnée de la Musique, et sur le second, notre Traité de la Composition antique, autrement appelée *style sévère*, ou *style de chapelle*, et celui de la Composition moderne, autrement appelée *style idéal*, ou *style libre*, ouvrages dont la rédaction nous occupe, et que nous ne tarderons pas à publier.

férence à celui de *fa**, parce que le premier mène dans des
modes moins difficiles que le second. Je donnerai seulement
un exemple des modulations relatives de *sol*♭ et de *fa**
(*fig.* 53, *a*, *b*), afin que l'on voie que les premières sont plus
faciles à écrire et à exécuter que les autres [quoiqu'au fond
elles soient les mêmes sur le clavier]. En effet, si l'on regarde les chiffres placés au-dessous de la basse , chiffres qui
indiquent , non les accords que portent les notes de basse ,
mais la quantité de dièzes et de bémols qui doivent , pour
chaque mode , être placés à la clef, on verra que parmi les
relatifs de *sol*♭, il y a seulement deux avec sept bémols, et
trois avec cinq bémols , tandis que parmi les relatifs de *fa**,
trois ont sept dièzes et deux en ont cinq , sans parler des
doubles dièzes, autrement appelés [en Allemagne] *croix*
[ou *dièzes*] *espagnoles* , qui doivent se placer dans les
accords de dominante de ces modes , lorsqu'ils forment
cadence parfaite. Ainsi le mode majeur de *sol*♭ est beaucoup
plus facile que celui de *fa**.

Lorsqu'on se sera suffisamment exercé sur la première
espèce dans tous ces modes, tant majeurs que mineurs, et
que l'on y aura acquis une certaine facilité , on passera à la
seconde espèce (*t*).

(*t*) Le lecteur qui voudra faire un exercice utile dans ce genre de composition, fera bien de prendre pour thèmes l'échelle diatonique tant ascendante que descendante, de chacun de ces modes, ainsi que les diverses
progressions de chant, et de les traiter à deux parties pour tous les
genres de voix. A cet effet, on placera ces thèmes dans la basse en clef
de *fa*, et l'on fera au-dessus un contre-point dans chacune des autres
clefs successivement ; on les placera ensuite dans une clef de dessus, et
l'on cherchera à y faire une basse dans chacune des autres clefs successivement. Ce travail sera long, mais il sera d'une grande utilité. (Voyez ,
Principes de Composition des Écoles d'Italie, liv. Ier, chap. IV, p. 24.)

CHAPITRE

CHAPITRE IX.

De la seconde espèce de composition sévère à deux voix, ou contre-point de deux ou trois notes contre une.

(36). Il faut d'abord remarquer que dans cette espèce, le contre-point peut commencer en frappant, ou par un silence de la valeur d'une demi-pause (*u*) ; dans l'un et l'autre cas, la première note doit être une consonnance parfaite. Dans les mesures suivantes, la note qui tombe au frappé doit toujours être une consonnance ; mais cette consonnance peut être parfaite ou imparfaite. On peut placer au temps faible des notes consonnantes ou dissonantes, et même l'unisson qui est bon sur cette partie de la mesure ; mais au temps fort, cette dernière consonnance ne peut s'employer que dans la première et dans la dernière mesure. Quant aux dissonances, qui sont les trois espèces de seconde, les trois espèces de quarte, la quinte mineure, la quinte augmentée et les trois septièmes, elles ne doivent jamais être employées par saut, mais par degrés ; par exemple, entre trois notes montantes ou descendantes (*fig.* 54).

(37). Nous réunissons ici en un même article, quelques règles particulières à cette espèce de contre-point.

(*a*). Il est permis de placer des dissonances, même diminuées ou augmentées, entre deux tons de même degré, pourvu que ces derniers soient consonnans (*fig.* 55).

(*b*). Dans l'avant-dernière mesure, il faut dans le contre-

_____

(*u*) On prescrit même cette dernière forme, comme plus élégante, et comme donnant plus de vivacité au contre-point.

point supérieur placer la quinte majeure, suivie de la sixte majeure; ou la dixième mineure, suivie de la sixte majeure qui [dans tous les cas] passera à l'octave. Dans le contre-point inférieur, on emploie dans l'avant-dernière mesure la quinte, suivie de la tierce ou dixième mineure qui termine en unisson ou en octave (*fig.* 56, *a*, *b*) (*v*).

N. B. Celui qui voudra employer le mode phrygien [le troisième et quatrième mode de l'église], c'est-à-dire celui de *mi* sans dièze [sur le *fa*], devra mettre dans le contre-point inférieur la sixte au lieu de la quinte, parce que dans ce mode, le bémol [sur le *si*] n'a pas lieu, et que le *si*♮ produirait au frappé une quinte mineure qui ne s'emploie pas de cette manière (*x*).

(*y*) Il est défendu de passer, même par mouvement con-traire, d'une octave, quinte ou unisson justes, à une autre octave, quinte ou unisson de même espèce sur le saut de tierce [au frappé de la mesure], parce que de cette ma-nière ces intervalles font le même effet que s'ils étaient employés de suite par mouvement semblable (*fig.* 57) (*y*).

(*v*) L'auteur suppose ici que le sujet finit par une seconde majeure descendante; s'il finissait par une seconde ascendante, on donnerait dans le contre-point supérieur, la tierce suivie de la sixte, qui, dans le renver-sement des parties, donnerait une sixte suivie de la tierce.

Exemple. $\left\{ \begin{array}{c|c||c|c||} ré\ sol & ut & si & ut \\ si & ut & ré\ sol & ut \end{array} \right.$

(*x*) Dans ce nouveau cas, on donnerait au dessus la quinte suivie de la sixte ou de la tierce; au contre-point supérieur et dans le contre-point inférieur, la quinte suivie de la sixte.

Exemple. $\left\{ \begin{array}{c|c||c|c||} la\ si & mi & ré & mi \\ ou\ la\ fa & & & \\ ré & mi & sol\ fa & mi \end{array} \right.$

(*y*) Cette règle s'énonce autrement, en disant : que dans le contre-point diminué à deux parties, le saut de tierce ne sauve pas les quintes et les octaves.

Le saut de quarte rend ces sortes de passages légitimes (*fig.* 58).

Ces mêmes quintes et octaves par tierce ne sont point fautives quand elles sont placées au levé de la mesure (*fig.* 59) : cependant nous ne conseillons pas aux élèves de faire grand usage de ces sortes de passages dans la composition à deux voix, parce que beaucoup de professeurs les condamneraient.

(♪). Il faut éviter la *monotonie*. La monotonie [que l'on nomme aussi *cacophonie*] est une mauvaise répétition de quelques notes. On la trouve souvent dans la composition libre qui n'est pas contre-pointée ; cependant il y a de bons maîtres qui, dans le cas de la répétition d'un chant, font une basse différente ou d'autres parties intermédiaires ; ils font quelques changemens dans les instrumens, ou bien ils mettent le même trait une octave plus haut ou plus bas. Ici l'un et l'autre sont mauvais, quoique le sujet soit varié (*fig.* 60) (z).

(ι). Après un grand saut de deux notes, la troisième doit revenir par un saut de tierce ou tout au plus de quarte, quand elle ne peut pas revenir par degrés. Trois ou quatre notes consécutives ne doivent jamais embrasser un espace de neuvième ou de septième majeure, même en restant dans l'harmonie de la partie grave : une septième mineure prise par un saut de trois ou quatre notes, est rarement bonne ; la septième diminuée est supportable (*fig.* 61) (a').

(z) L'objet des études de contre-point étant de rendre l'élève habile à épuiser toutes les tournures d'harmonie et de mélodie, on lui défend de répéter le même trait sur le même sujet, ou sur un sujet à peu près semblable. Cette défense n'a rien de commun avec les répétitions que la mélodie elle-même exige dans une ariette ou pièce de ce genre.

(a') Ces règles conviennent particulièrement à la mélodie et au contre-

(ζ). Les sauts plus grands que l'octave, aussi bien que les trois septièmes et tous les intervalles diminués et augmentés, sont défendus d'une note à l'autre dans cette espèce ainsi que dans la précédente; mais les sauts de dissonance qui ont été permis dans la première espèce d'une mesure à l'autre, le sont également dans celle-ci.

Toutes les règles que nous avons données pour la première espèce, à l'exception de la quatrième et de la cinquième, doivent être observées ici.

(38). On voit (*fig.* 62) un exemple de cette espèce de contre-point [où, pour abréger, on s'est contenté d'écrire le sujet une seule fois entre le contre-point supérieur et le contre-point inférieur, qui sont indépendans l'un de l'autre].

Il y a huit fautes dans le contre-point supérieur. —— La première est la première note même, qui donne en commençant une tierce consonnance imparfaite (*b'*).—La seconde faute est la note *ré* qui tombe en quarte sur la basse au frappé.—La troisième faute est dans le *fa* qui vient après le *sol*, non à cause que ce *fa* fait sur le thème une quinte mineure qui se résout en tierce selon l'usage, mais parce qu'il fait un saut de septième qui n'est permis que dans la composition libre (*c'*). —— La quatrième faute est dans le *sol* placé au levé

_____

point antiques; dans la composition moderne, tous ces intervalles sont permis, lorsqu'ils produisent une bonne mélodie.

(*b'*) La règle de commencer en consonnance parfaite appartient totalement au contre-point antique : les maîtres du contre-point moderne prescrivent la règle contraire.

(*c'*) Par cette observation, et par un grand nombre d'autres du même genre, on voit que le contre-point enseigné dans cet ouvrage, et qui est en usage dans la plupart des écoles de nos jours, est une sorte de contrede la cinquième mesure : ce *sol* est une quarte au-dessous du thème, qui se trouve employée par saut. — La cinquième faute est le *si* suivi du *fa* dans la huitième mesure, et formant avec cette note un saut de quarte majeure (*d'*). — La sixième faute est que ce dernier *fa* est une septième, prise par saut (*e'*). — La septième faute est l'*ut*, formant un unisson au frappé, ce qui n'est permis que dans la première et la dernière mesure. — Enfin la huitième faute est dans le *la*, qui forme une quinte juste par mouvement semblable dans la dernière mesure.

Le signe N. B. placé sur l'*ut* dans la septième mesure, a une double signification. La première est que le saut de dixième est défendu dans le contre-point pour toutes les parties de chant; la seconde est que si la partie supérieure qui est en clef de *sol* n'est pas faite pour violon, hautbois ou flûte traversière, etc., mais pour soprano, cet *ut*, ainsi que le *si* qui vient après, est trop élevé.

(39). Le contre-point inférieur renferme douze fautes. — La première est dans la première note *mi* qui forme au-dessous de l'*ut* du sujet, une sixte consonnance imparfaite, par laquelle la composition ne peut pas commencer. — La seconde est le *fa*✱ qui commence la seconde mesure et qui

point mixte qui, en abandonnant les modes antiques, a retenu un grand nombre de préceptes propres au contre-point antique, et qu'une grande partie des règles et surtout des prohibitions qui y sont maintenues, ne subsistent point dans la composition moderne. Il n'y a dans ce mélange d'idées aucun inconvénient, parce que cette rigueur excessive accoutume les élèves à une plus grande correction.

(*d'*) Même observation. (Voyez note *b'*.)

(*e'*) Cette septième de dominante se prend par saut et sans préparation, dans le contre-point moderne.

forme avec l'*ut* qui le précède , un saut de quarte majeure.
— La troisième est l'*ut* de la cinquième mesure , qui forme
avec l'*ut* du sujet une cadence finale au moyen de la sixte
majeure qui précède. — La quatrième faute est le *la* de la
sixième mesure , parce que l'on passe ici d'une dissonance
à une consonnance parfaite par mouvement direct , ce qui
est défendu. — La cinquième faute est la quinte mineure *si*,
placée au frappé par saut sous le *fa* (*). — La sixième faute est
la quinte majeure découverte , succédant à la quinte mineure
par mouvement semblable $\frac{fa}{si}\ \frac{sol}{ut}$, succession qui n'est pas
bonne même en descendant , lorsqu'elle se fait de cette
manière : $\frac{sol}{ut}\left|\frac{fa}{si}\right.$, ou $\frac{si}{mi}\left|\frac{la}{ré*}\right\|$; c'est-à-dire du levé au frappé;
elle s'emploie à trois parties (*f'*). — La septième faute est
également la quinte de *la* sur *ré* dans la neuvième mesure ,
parce que le mouvement contraire sur le saut de tierce ne
sauve pas les deux quintes. — La huitième et la neuvième faute
sont le *mi* et le *fa* sous le *si* et l'*ut* suivans. — La dixième faute
est la relation discordante que le même *fa* fait avec le *si* précédent du sujet. — La onzième faute est dans les deux quintes
couvertes qui se trouvent de la onzième à la douzième me-
sure, $\frac{ut}{sol}\ \frac{mi}{la}$, c'est-à-dire d'une quarte ou de quelqu'autre
consonnance que ce soit sur une quinte majeure par mouve-
ment semblable. — Enfin, la douzième faute est celle de la

(*) *Note de l'auteur.* Cette succession n'est pas permise dans la composition à deux voix.

(*f'*) Zarlin, Cerone et plusieurs autres auteurs estimés permettent cette
succession dans le contre-point sévère ; elle s'emploie continuellement dans
la composition libre.

quinte $\frac{ré}{sol}$, arrivant par mouvement semblable, après la tierce $\frac{mi}{ut}$, dans la dernière mesure. On voit (*fig.* 63) la rectification de ces deux contre-points.

(40). Le signe N. B. que l'on voit sous le contre-alto dans la dernière mesure, a deux significations. La première est que la note *ut* n'est point encore trop élevée pour une voix de contre-alto, non plus que le *ré* qui vient immédiatement après. Je sais au contraire, par mon expérience, que les enfans entonnent difficilement le *fa* de la ligne au bas de la portée, et même le *sol* qui est au-dessus (g'). La seconde signification de ce N. B. est que le saut de septième majeure formé par les quatre notes *ut, mi, sol, si* dans les deux mesures précédentes, est supportable en cette occasion, parce que l'*ut* qui termine appelle fortement le *si* qui forme la septième; ensorte que ces trois dernières mesures offrent un bon chant.

La figure 64 renferme un second exemple de la même espèce en *mi* mineur.

(g') La remarque de l'auteur est fort juste; la véritable clef des voix de contre-alto est celle d'*ut* sur la seconde ligne; celle d'*ut* sur la troisième est celle des hautes-tailles ou hauts-tenors, qu'en France nous appelons *hautes-contres*; de même la véritable clef des hauts-dessus est celle de *sol* sur la deuxième ligne; celle d'*ut*, première ligne, est celle des moyens dessus.

CHAPITRE X.

De la troisième espèce du contre-point simple à deux parties,
dans lequel on place quatre, six ou huit notes contre
une seule.

(41). Outre les règles précédentes, cette espèce donne lieu
à diverses observations. La première note doit toujours être
une consonnance dans la mesure à deux et à trois temps :
les autres peuvent être des dissonances lorsqu'elles sont
employées par degrés et placées entre deux consonnances
(*fig.* 65).

Il faut remarquer que l'on aurait un mauvais chant, si,
après trois ou quatre notes montant diatoniquement, on
sautait de tierce au frappé, et réciproquement en descendant ; c'est-à-dire qu'après trois ou quatre notes descendant
diatoniquement, il ne faut pas, au frappé, descendre par un
saut de tierce (*fig.* 66).

Les sauts plus grands que celui de tierce sont rarement bons
après de pareils traits (*fig.* 67).

(42). Comme on peut dans cette espèce placer, ainsi qu'il
a déjà été dit, quatre, six, huit [et même un plus grand
nombre de] notes contre chacune de celles du sujet, il devient
nécessaire d'expliquer ce que c'est qu'un temps (*Takttheil*),
et un élément métrique (*Taktglied*) (h'), afin de pouvoir éta-

---

(h') Notre langue n'a point d'analogue à ce dernier terme, qui, littéralement, veut dire *membre de mesure.* Voici l'explication qu'en donne
M. H. Christ. Koch, dans son Diction. de Musique. « C'est, dit-il, une par-
» tie de la mesure résultante de la division d'un temps en deux ou trois notes
» de même valeur ; par conséquent les membres de mesure (*Taktglieder*)

blir à ce sujet des règles certaines. Le nombre des temps est ordinairement marqué par le chiffre supérieur de ceux qui servent à indiquer la mesure : ainsi la mesure $\frac{2}{4}$ a deux temps ; le frappé (i') ou première noire est le bon temps [ou temps fort], le levé ou seconde noire est le temps mauvais [ou temps faible]. La mesure *alla breve* n'a également que deux temps ; la première blanche ou moitié [de ronde] est le bon temps ; la seconde est le mauvais.

La mesure à trois quarts n'a qu'un temps fort et deux faibles. Le temps fort est au frappé sur la première noire ; les temps faibles sont le second et le troisième, comprenant les deux noires suivantes. Il en est de même de la mesure $\frac{3}{2}$, excepté que celle-ci, au lieu de trois noires, emploie des blanches : il en est aussi de même de toutes les mesures à trois temps ($\frac{3}{8}$, $\frac{3}{16}$, etc.). Dans la mesure entière, dite *à quatre temps* ($\frac{4}{4}$), les temps forts sont le premier et le troisième, et les temps faibles sont le second et le quatrième.

(43) Dans la mesure à six temps, si toutefois la mesure contient six notes égales, la première note occupe le temps fort, la seconde et la troisième sont des temps faibles ; la

---

» dans la mesure à deux demi, sont des quarts [de ronde ou semi-brève, » c'est-à-dire des noires] ; dans la mesure à $\frac{2}{4}$, ce sont des huitièmes » [c'est-à-dire des croches]. » *Ist ein solcher Theil des Taktes, welcher entstehet, wenn ein Takttheil in zwey oder drey Noten von gleichen Werthe aufgelœset wird; daher sind im Zweyzweyteltakt die Viertel, im Zweyvierteltakt die Achtel, Taktglieder. H. Christ. Koch, Musikalisches Lexicon. Frankfurt, am Main* 1802. On voit par conséquent que les *Taktglieder*, ou membres de mesure, ne sont autre chose que la mesure considérée dans ses derniers élémens homogènes, et ne peuvent être mieux exprimés en notre langue, que par le terme d'élément métrique, que nous avons adopté.

(i') *Niederstreich*, littéralement, *coup en bas*.

quatrième est un temps fort, la cinquième et la sixième sont
des temps faibles. Dans la mesure à neuf temps ou neuf
notes égales, la première, la quatrième et la septième occupent les temps forts ; la seconde et la troisième, la cinquième et la sixième, la huitième et la neuvième sont les temps
faibles. Dans celle à douze temps [ou douze notes égales],
la première, la quatrième, la septième et la dixième sont
au temps fort, les autres sont au temps faible. Si l'on regarde cette mesure comme une mesure à quatre temps, dans
laquelle une noire pointée comprenant trois croches égales ne
fait qu'un temps, le premier et le troisième seront forts, les
autres seront faibles (*fig.* 68). Ainsi dans ces sortes de
mesures, on peut employer les retards de deux manières
(*fig.* 69, *a*, *b*).

(44). Lorsque dans une mesure paire ou impaire on emploie
plusieurs notes pour chaque temps, on appelle *notes faibles*
ou *membres faibles* les notes qui ne sont pas au commencement d'un temps ; celles qui y sont se nomment les *notes
fortes* (*fig.* 70). Ici dans la mesure $\frac{2}{4}$, ainsi que dans les
mesures *alla breve*, à $\frac{3}{4}$ et à quatre temps, toutes les notes sont
de moindre valeur que le temps. Ainsi la première note de
chaque temps est une note forte, la seconde est une note
faible. Donc toutes les notes qui, dans cet exemple, portent
des numéros impairs, sont des notes fortes, et celles qui
portent des numéros pairs, sont des notes faibles. Ces explications nous paraissent suffisantes.-

(45). Comme dans l'espèce dont il s'agit nous nous servons
de la mesure *alla breve* où il faut mettre quatre notes brèves
contre une lente, il faut expliquer avant tout ce que [divers
auteurs et notamment] M. Fux entend par *note changée*
(*Wechsel-note*). Quand la deuxième de la mesure [ou du
temps] formant une septième majeure ou mineure, saute en

descendant sur la quinte, alors cette septième est ce que l'on nomme une *note changée*; mais quand le saut a lieu de la quarte mineure, ou, ce qui est plus rare, de la quarte majeure sur la sixte, alors la quarte forme ce que l'on nomme *note changée* (*fig.* 71). Cette septième et cette quarte qui marchent ainsi par saut, l'une dans la partie supérieure, l'autre dans la partie inférieure, et qui auraient été des fautes dans l'espèce précédente, sont permises dans celle-ci (*j'*). On trouve dans de bons auteurs le renversement de ces deux notes changées (*fig.* 72), dans des morceaux à trois et quatre parties [ce qui est permis], quoiqu'il en résulte des quintes et octaves couvertes. Cette dernière manière se pratique encore à l'aide de l'accord de quarte et sixte sans préparation, accord qui ne s'emploie que dans la composition libre (*fig.* 73).

Dans les terminaisons de cette espèce, l'avant-dernière note doit être la sixte majeure, si le contre-point est dans la partie supérieure (*fig.* 74). Lorsqu'il est dans la basse, on donne la dixième mineure (*fig.* 75), ce qui produit les formules finales que l'on voit dans ces exemples.

(46). Les meilleurs contre-points à deux, trois ou un plus grand nombre de voix, dans cette espèce, sont ceux où chaque mesure ne renferme qu'un seul accord, parce qu'ils sont plus sérieux ou plus mâles, ainsi que le demande le style de l'église, et qu'en cas de besoin on peut en presser le mouvement ; cependant il n'est pas défendu de faire un accord différent pour chaque temps. Il est bien entendu néan-

---

(*j'*) Par le terme de *note changée*, le plus grand nombre des auteurs entendent des dissonances de passage qui, au lieu d'occuper les divisions paires du temps ou de la mesure, comme elles le doivent selon la règle, occupent les divisions impaires qui appartiennent aux consonnances.

moins que le premier accord doit être un accord parfait ;
ainsi que le dernier. Quelquefois on soutient l'accord parfait
durant toute la première mesure, parce que les auditeurs
aiment à savoir quel est le mode principal et à en être péné-
trés. Dans les autres mesures, le second temps peut contenir
une dissonance employée par degrés; mais les temps forts
doivent toujours commencer par une consonnance, comme
on peut le voir dans l'exemple 76.

(47). Le second exemple (*fig.* 77) contient onze fautes
dans le contre-point supérieur. — La première faute est la
seconde note *ré* qui forme [au commencement d'un temps]
une septième dissonante procédant par saut, ce qui n'est
permis que quand cette dissonance est sur une partie faible
du temps ou de la mesure (45). Dans la composition libre,
cette septième ne serait pas fautive; elle serait regardée
comme régulière sous un accompagnement de clavecin ou
d'orgue (*fig.* 78). — La deuxième faute est la dernière note
ré de la deuxième mesure, où la quarte est prise par saut et
s'échappe par saut (*k'*). — La troisième faute est le *fa*✱ de la
troisième mesure, 1° parce qu'il forme une dissonance prise
par saut; 2° parce que ce *fa*✱ forme sur le *sol* une seconde
mineure fort dure; 3° à cause du mauvais chant que font
cette dernière note et les deux précédentes, les trois embrassant
ensemble un intervalle de neuvième. Le même effet a lieu
quand trois notes embrassent une septième majeure (*fig.* 79).
— La quatrième faute est sur l'*ut*, deuxième note de la qua-

---

(*k'*) Il y a ici double faute; car, 1° quoique la quarte soit placée dans
la partie faible du temps, elle ne doit point arriver par saut, mais diatoniquement; 2° en supposant qu'elle s'échappe par saut, elle doit marcher dans le même sens où elle a été prise, et non en rétrogradant;
autrement elle devient trop choquante.

trième mesure, qui donne une quinte mineure prise par saut
et mal résolue : car au lieu de descendre sur le *si*, elle monte
au *ré*, et ce *ré* suivi de *la* engendre, avec le *sol* qui succède,
un fort mauvais chant. — La cinquième faute est le *ré*, première note de la sixième mesure, qui fait une dissonance
au frappé, ce qui est défendu. — La sixième faute est la
septième mesure toute entière. Cette mesure forme à la vérité une bonne harmonie sur la basse ; mais elle offre une
répétition de la mesure précédente. — La septième faute est
l'unisson qui se trouve sur le *sol* au frappé de la huitième
mesure ; cet unisson serait permis sur la seconde note. — La
huitième faute est l'*ut*, dernière note de la même mesure,
formant une quarte qui marche par saut. — La neuvième
faute est le *mi* de la neuvième mesure, où l'on est arrivé par
un saut de même direction, après quatre notes marchant
diatoniquement ; ce qui donne un mauvais chant, comme on
l'a déjà remarqué (41). — La dixième faute est dans les unissons couverts qui se trouvent du levé de la dixième au frappé
de la onzième mesure. — La onzième et dernière faute est
la quarte *si*, attaquée sans préparation [et par saut] dans
l'avant-dernière mesure.

(48). Dans le contre-point inférieur il y a treize fautes.
— La première est sur la deuxième note *si* qui forme une
quarte attaquée par saut (*l'*). — La deuxième faute est dans
les octaves couvertes qui se trouvent entre le *sol*, dernière note
de la première mesure, et le *la*, première note de la deuxième

(*l'*) Si cette note était suivie du *sol*, les trois notes *mi-si-sol* seraient
regardées comme formant une diminution de l'accord parfait de la tonique,
et cette diminution serait permise dans la facture moderne, où elle produit une succession très-employée, mais non dans la facture antique, où
elle donnerait une quarte procédant non diatoniquement, et un saut de
sixte majeure non permis.

mesure, par la succession qui a lieu d'une consonnance imparfaite à une parfaite; c'est-à-dire, de la sixte à l'octave en mouvement semblable. — La troisième faute consiste dans les deux octaves découvertes à la fin de la seconde et au commencement de la troisième mesure. — La quatrième faute est le passage chromatique inutile *ut*, *ut** qui se trouve au second temps de la troisième mesure, passage qui n'est point permis dans le contre-point sévère. — La cinquième faute est le saut inutile de sixte mineure avec cadence finale. — La sixième faute est la répétition de deux notes de même valeur dans une même mesure, répétition qui n'est permise que dans la composition libre. — La septième faute est le *sol* de la huitième mesure sur lequel le *ré* précédent, forme une cadence finale. — La huitième faute est le *sol** de la neuvième mesure qui forme, avec le *sol* précédent, une succession peu harmonieuse et un trait chromatique [d'un effet d'autant plus vicieux qu'il se trouve au frappé de la mesure]. — La neuvième faute est dans le *si* de la même mesure, qui ne monte pas jusqu'à l'*ut :* or dans le contre-point de deux voix, lorsque l'on place ainsi la quarte à découvert (*m'*) par trois degrés sans lui faire achever sa route, soit en montant, soit en descendant, et qu'on l'enferme entre deux notes de même degré, on imprime à l'oreille un effet aussi mauvais que si l'on attaquait cette quarte par saut avec deux blanches, selon la seconde espèce (*fig*. 80). — La dixième faute est le saut de seconde superflue en descendant, qui se trouve dans la deuxième mesure; car ce saut est rarement chantant et permis, même dans la composition libre. — La onzième faute est le saut de septième majeure dans la onzième me-

---

(*m'*) Ce que les anciens auteurs italiens appellent *en girandole*. Voyez Berardi, *Miscellanea musicale*, *p*. 2, cap. 29, reg. 5*.

sure. — La douzième faute consiste dans les quintes couvertes que l'*ut*, première note au levé de la douzième mesure
du contre-point, et le *la*, première note au frappé de la
treizième mesure, font avec le *sol* et le *mi* du sujet. — La
treizième faute est dans les deux unissons qui ont lieu de
la treizième à la dernière mesure, et ne sont séparés que par
un saut de tierce.

On voit, *fig.* 81, les deux derniers contre-points refaits
et corrigés.

CHAPITRE XÍ.

De la quatrième espèce de la composition sévère à deux voix
[dans laquelle on emploie des dissonances liées].

(49). LA ligature [ou syncope] que l'on emploie dans
cette quatrième espèce, ne se divise généralement qu'en deux
sortes : la syncope consonnante et la syncope dissonante ;
mais chacune de ces espèces comprend un grand nombre de
sortes.

La liaison, ligature ou syncope consonnante est celle qui
est formée du temps faible au temps fort par l'unisson qui
dans ce cas est permis, par la tierce majeure ou mineure, par
la quinte majeure, la sixte majeure ou mineure. La liaison ou
syncope dissonante est celle qui est formée par une des trois
secondes, quartes ou septièmes, par une des deux neuvièmes
ou par la quinte mineure.

(50). [Toute dissonance doit être résolue, c'est-à-dire
qu'elle doit passer à la consonnance dont elle est le retard,
ainsi] la seconde placée dans la basse, quand cette partie fait
le contre-point, se résout toujours sur la tierce en descen-

dant d'un demi-ton ou d'un ton entier (*fig.* 82, *a*). Les trois quartes se résolvent de même sur la tierce, mais dans la partie supérieure (*fig.* 82, *b*); les trois septièmes dans le contre-point supérieur se résolvent sur la sixte majeure ou mineure, en descendant d'un ton ou d'un demi-ton (*fig.* 82, *c*). Les deux neuvièmes, dans la partie supérieure, se résolvent en descendant sur l'octave (*fig.* 82, *d*). La quarte mineure et la quarte majeure, quand elles font liaison dans la basse, doivent se résoudre en descendant sur la consonnance la plus proche, c'est-à-dire sur la quinte (*fig.* 82, *e*).

On sait que la quinte mineure se résout communément en descendant sur la tierce (*fig.* 83, *a*); mais ici [lorsqu'elle se trouve au frappé sur un sujet de rondes], cela ne peut se faire aussi vite, surtout dans la partie supérieure. Dans ce cas, on place au levé suivant la tierce ou la sixte mineure [suivies de la résolution desirée] (*fig.* 83, *b*, *c*). [Si cette résolution n'avait pas lieu, l'harmonie serait vicieuse] (*fig.* 83, *d*) (*n'*).

(51). Les syncopes consonnantes peuvent, dans leur résolution, passer à une autre consonnance par saut ou par degré; cependant cette dernière résolution ne peut avoir lieu qu'entre la quinte majeure et la sixte majeure ou mineure (*fig.* 84).

Les quartes syncopées que l'on voit, *fig.* 81, *f*, *g*, ne sont pas essentiellement des quartes dissonantes, mais des accompagnemens de la seconde, qui doivent être ajoutés à cette dissonance dans les morceaux à trois et à un plus grand nombre

(*n'*) Les résolutions diatoniques que l'auteur vient d'indiquer sont les plus usitées dans le contre-point, sur un sujet de *canto fermo*, où l'une des parties reste immobile; si l'autre partie changeait de place au moment de la résolution, on conçoit que l'on aurait un bien plus grand nombre de résolutions différentes. Voyez Fenaroli, *Partimenti*, ou les Principes de Composition des écoles d'Italie, liv. I.

de

de voix. Il en est de même d'une dissonance de neuvième dans la basse, que l'on trouve dans Fux (édition latine, pag. 72); ce n'est autre chose qu'une seconde abaissée d'une octave, et qui se résout sur la tierce ou plutôt sur la dixième. Le même auteur proscrit la septième au grave, résolue sur l'octave. Cette défense paraît juste pour les morceaux à deux voix; mais on sait que des compositeurs célèbres l'ont employée plusieurs fois dans les morceaux à pleine harmonie, comme représentation de l'accord parfait (*fig.* 86, *a*, *b*, *c*); les exemples *b* et *c* valent mieux que le premier.

Les exemples que l'on voit à la suite de ces derniers (*fig.* 87), malgré les apparences de quinte et d'octave qu'ils renferment, sont bons principalement à trois et à quatre parties.

On ne doit pas employer plus d'une fois de suite la liaison de quinte puis sixte en descendant dans le dessus ou dans la basse (*fig.* 88, *a*, *b*), soit à deux, soit à un plus grand nombre de parties, soit dans la composition sévère, soit dans la composition libre, parce que cela ressemble trop à une suite de quintes. La série de quarte puis quinte dans la basse (*fig.* 88, *c*) ne vaut rien à deux parties; par la même raison elle est bonne à trois, accompagnée de seconde et tierce (*fig.* 88, *d*). La neuvième ne vaut rien préparée par l'octave, quel que soit le nombre des parties (*fig.* 88, *e*), de même qu'une suite d'octave et de septième (*fig.* 88, *f*) (*o'*).

(52). La première mesure de cette espèce dans les morceaux à deux, comme dans ceux à trois et à un plus grand nombre de voix, doit commencer par une demi-pause ou si-

(o') Parce qu'en ôtant le retard dissonant, il vient des octaves là; syncope consonnante peut seule sauver les quintes et les octaves.

4

lence d'un temps [au frappé] ; le premier temps levé doit se former d'une consonnance parfaite. Tous les temps levés doivent être en consonnance, parce qu'ils renferment la préparation des syncopes qui doivent avoir lieu dans les frappés. Ces syncopes, au reste, peuvent être ou des consonnances qui se résolvent par saut ou par degré sur d'autres consonnances, ou des dissonances qui, dans la composition sévère, se résolvent toutes en descendant diatoniquement. L'avant-dernière mesure du contre-point supérieur doit toujours avoir la liaison de septième mineure résolue sur la sixte majeure : la dernière mesure renferme ensuite la cadence sur l'octave.

Dans le mode phrygien qui termine par une seconde mineure, la septième finale est nécessairement majeure, et cette septième se résout sur la sixte majeure. C'est donc une erreur de la part des organistes dans l'accompagnement des versets et autres pièces chorales de ce mode qui est le quatrième de l'église, de résoudre cette sixième sur la sixte superflue, parce que le plain-chant n'admet aucun dièze accidentel, et qu'en conséquence il risque de déranger les chanteurs qui n'ont dans ce mode [au primitif] que des *ré* naturels à entonner (*p'*). C'est aussi erreur ou ignorance de la part des organistes de répondre par la quarte au lieu de la quinte, aux versets de ce mode qui commencent par la finale.

(53). Pour les terminaisons dans le contre-point inférieur, l'avant-dernière mesure doit avoir [au frappé] la liaison de seconde, résolue sur la tierce mineure, qui sera suivie de l'unisson ou de l'octave, si la seconde est à la distance de neuvième.

Si, dans le cours de la composition, la continuité des liga-

(*p'*) Cette sixte augmentée s'emploie très-bien dans la facture moderne, à laquelle elle appartient exclusivement.

tures ou syncopes produisait un mauvais effet, on pourrait dans un contre-point [d'une certaine étendue] placer au frappé, une ou deux fois au plus, une note non syncopée, de manière à toujours obéir aux règles d'une bonne mélodie.

Le premier N. B. que l'on voit dans le premier exemple, au contre-point supérieur (*fig.* 89), signifie qu'à la vérité la quinte mineure se trouve ici résolue en montant, au lieu de l'être en descendant ; mais comme la sixte qui la suit au levé ne doit être regardée que comme une note de passage, cette quinte se trouve résolue dans la mesure suivante en descendant sur la tierce [qui, comme on peut le remarquer, interrompt les liaisons]. Le second N.B. placé sous le contre-point inférieur, avertit que l'on doit tolérer la relation de triton qui, dans la mesure suivante, conduit en *la* mineur et non en *ut* majeur. La forme pénible [de chant] à laquelle est astreinte cette quatrième espèce, fait supporter encore beaucoup d'autres licences.

L'exemple 90 en *mi* mineur offrira à l'étudiant un nouveau modèle.

CHAPITRE XII.

De la cinquième espèce du contre-point simple à deux parties [formée de toutes sortes de notes, et mélangée des précédentes].

(54). CETTE espèce se nomme *contre-point fleuri*, parce qu'il est permis d'y employer toutes sortes de notes entremêlées. Aux règles prescrites pour les espèces précédentes, il faut encore ajouter pour celle-ci les observations suivantes.

(*a*). Il n'est pas permis dans les contre-points [de quatre

noires contre une ronde] , de mettre quatre croches pour
une blanche , mais seulement deux , et dans la seconde
partie du temps [c'est-à-dire, en place de la noire de rang
pair] (*fig.* 91).

(β). Pour éviter de rendre le chant lent et ennuyeux ,
on ne doit pas employer la seconde espèce pendant plus
de quatre temps ; le dernier de ces temps doit même être
lié avec celui qui vient à la suite (*fig.* 92). La troisième
espèce ne doit pas durer au-delà de six temps ; la seconde
ne peut s'employer que sur la dernière mesure.

(γ). Il faut chercher à introduire dans le contre-point ,
des ligatures courtes et longues pour produire un beau chant
varié d'église. Les musiciens savent par la pratique de l'art,
qu'il y a dans le contre-point plusieurs espèces de ligatures
que nous désignerons par les noms de *brévissime*, *brève* ,
longue , *très-longue*. La ligature brévissime est celle qui ne
fait que le quart d'un temps [mesure *à capella*] ; la brève
celle qui en fait la moitié ; la longue celle qui occupe le
temps entier ; la très-longue celle qui fait les deux temps
(*fig.* 93 , *a* , *b* , *c* , *d*).

On remarquera que [d'après les règles précédentes]
la courte et la longue sont les seules qui puissent nous
servir.

(δ). Enfin il est encore bon de savoir que les septièmes
majeures et mineures dans le contre-point supérieur , et les
secondes tant majeures que mineures dans le contre-point inférieur, peuvent, comme ligatures longues , éprouver diverses
variations (*fig.* 94).

Si quelqu'un voulait pratiquer ces sortes de variations, on
lui recommanderait de les éviter sur la seconde et la septième après l'octave , parce qu'elles ressembleraient à des

suites d'octaves : on en trouve cependant des exemples dans Fux (*fig.* 95).

(55). Le commencement et la fin de cette espèce doivent encore se faire en consonnance parfaite, tant dans le contre-point supérieur que dans le contre-point inférieur. Il est toujours défendu de commencer le contre-point inférieur par la quinte inférieure, et de finir dans le contre-point supérieur par la quinte supérieure. La première mesure doit commencer par un silence de la valeur d'un demi-temps dans les mesures paires ; par exemple, par une demi-pause dans les mesures *alla breve*, par un soupir dans les mesures à $\frac{2}{4}$ et à $\frac{4}{4}$. Dans les mesures impaires, elle commence par un silence d'un temps entier, ainsi que dans l'espèce précédente (art. 52).

L'avant-dernière mesure reçoit, dans le contre-point supérieur, la liaison de septième [suivie de la sixte marchant à l'octave], et dans le contre-point inférieur, la seconde [suivie de la tierce qui passe à l'unisson ou à l'octave].

(56). L'exemple 96, relatif à cette espèce de contre-point, contient neuf fautes. — La première est la quarte frappée sans préparation dans la quatrième mesure. — La seconde est la langueur du chant dans les mesures suivantes, où la deuxième espèce se trouve trop prolongée, puisqu'elle dure six temps (54, 6). — La troisième faute est dans les deux croches, au frappé de la sixième mesure. — La quatrième faute est dans la septième mesure où l'on a mis de suite deux *la* de même valeur. Au reste il faut remarquer que cette disposition n'est point regardée comme une faute dans les morceaux de chant où la multitude des syllabes oblige à couper une note en plusieurs autres de moindre valeur (*fig.* 97). — La cinquième faute est le saut de septième, dont on peut bien se servir après une liaison de neuvième pour en-

bellir le chant, mais seulement dans la composition libre.
— La sixième est cet *ut* blanche qui forme un trop grand
repos au levé dans la neuvième mesure après les deux noires
mi, *ré*, parce qu'ici l'on ne peut pas couper une note en deux
autres. Ce genre de faute ne peut se corriger que par une
ligature placée à la suite, ou par une autre note substituée
à la seconde partie de la note trop lente (*fig*. 98). Il n'en
est pas de même au frappé ; on y permet et même on y
recommande la division d'une note blanche [ou l'emploi
même d'une blanche sans subdivision], afin de donner de
temps en temps aux chanteurs et aux instrumens à vent la
faculté de reprendre imperceptiblement haleine à l'aide de
ces notes non liées. — La septième faute est la quinte mineure,
formant la première partie du premier temps de la dixième
mesure. — La huitième faute consiste dans la dissonance de
septième, employée par saut dans la même mesure. — La
neuvième faute est dans les quatre croches de la onzième
mesure, lesquelles ne peuvent s'employer ici : ce serait autre
chose si, pour plus de commodité et pour pouvoir représenter des notes de moindre valeur par des notes plus grandes,
on écrivait dans la mesure *alla breve*, un morceau entier
qui pourrait être écrit à $\frac{2}{4}$ ou $\frac{4}{4}$.

On voit, *fig*. 99, la correction de cette première leçon, et
fig. 100, un contre-point en *mi* mineur.

(57). Comme j'ai dit au commencement [du chapitre
X, qui traite] de la troisième espèce à deux voix, que
l'on pouvait mettre contre chaque note de plain-chant,
quatre, six ou huit notes [égales entr'elles], je donnerai
ici des exemples pour les cinq espèces, et sur les plain-chants
qui m'ont déjà servi dans deux sortes de mesures à trois temps,
mesures sur lesquelles il faut s'exercer aussi bien que sur celles
à deux temps.

Celui qui sera parvenu à éviter toutes les fautes dans les cinq espèces de composition à deux voix, tant dans les mesures paires que dans les mesures impaires, pourra être assuré de faire un morceau de bon effet à trois et à plus de parties ; car les règles deviennent d'autant moins sévères que le nombre des parties va en augmentant.

Voyez, *fig.* 101, 102 et 103, des modèles de la première, de la seconde et de la troisième espèce dans la mesure à trois temps.

On peut commencer, dans la seconde espèce, par un soupir, et dans la troisième par un demi-soupir, quand on se sert de la mesure $\frac{3}{4}$.

On voit (*fig.* 104) un contre-point de huit notes contre une, qui, pour plus de commodité, se fait dans la basse avec la mesure *alla breve* (*fig.* 105).

L'exemple 106 est pour la musique instrumentale : les exemples 107 et 108 renferment des contre-points de la quatrième et de la cinquième espèce, dans les mesures à trois temps.

III.

CONTRE-POINT SIMPLE A TROIS VOIX.

(58). La composition à trois voix, autrement appelée *trio*, ou *tricinio*, est regardée comme la plus parfaite de toutes, parce que c'est celle qui produit le plus d'effet, proportionnellement aux moyens employés. Effectivement, en ajoutant un troisième son aux deux premiers sons dont se compose le duo, la composition à trois voix obtient, dans presque tous ses accords, l'harmonie complète ; les autres parties que l'on peut ajouter ensuite n'enrichissent point l'harmonie de nouveaux sons; elles ne se forment que par la répétition de ceux du trio, et ne sont généralement propres qu'à nuire à l'effet, par la multiplicité des dessins. Ce genre de composition a, comme le duo, cinq espèces, dont nous allons donner les règles et les exemples.

CHAPITRE XIII.

De la première espèce du contre-point à trois voix.

(59). CETTE première espèce se nomme [comme dans le duo] *contre-point de note contre note.*

Avant tout, je dirai ici, en faveur des commençans, quel est le troisième son qu'il faut ajouter [aux deux sons du duo, pour former la troisième partie].

(*a*). Pour l'unisson juste [car l'unisson augmenté n'a guère lieu en ce genre] il faut dans la première mesure, ajouter la tierce; on peut mettre aussi la quinte.

(*b*). La seconde mineure veut le plus souvent la quarte mineure ou la quinte majeure; on donne aussi quelquefois la tierce majeure (*q'*). La seconde majeure veut la quarte mineure ou la quinte majeure.

(*γ*). Les tierces majeure et mineure prennent la quinte majeure ou l'octave; la tierce diminuée paraît rarement et dans

---

(*q'*) Cette tierce majeure sur la basse forme, avec la seconde mineure, une seconde augmentée; exemple : *ut* ; cet accord ne s'emploie que dans le contre-point moderne, ainsi que celui dont il est le retard.

l'accord de septième diminuée, seulement où elle remplace la tierce mineure (r′).

(δ). La quarte diminuée veut la quinte mineure ou la sixte mineure (s′). La quarte mineure, quand elle est liée, veut la quinte telle que la donne le degré de l'échelle qui sert de basse; elle prend aussi la sixte dans ce cas, mais lorsqu'elle n'est pas liée, elle demande toujours cette dernière consonnance. La quarte majeure veut la seconde majeure ou la tierce mineure (t′), ou bien encore la sixte majeure; lorsque cette quarte est liée, il faut lui donner la quinte majeure, comme à la quarte proprement dite.

(ε). La quinte mineure veut la tierce mineure ou la sixte mineure; la quinte majeure veut la tierce indiquée par le degré qui porte cette quinte, ou la sixte en cas de liaison; alors elle devient dissonance et se résout sur la tierce, si la basse monte, ou sur la quarte, quand cette partie reste immobile. La quinte augmentée ne peut avoir que la tierce.

(ζ). La sixte mineure aura la tierce majeure ou mineure, ou l'octave, qui peut être remplacée par l'unisson; la sixte majeure peut avoir la tierce majeure ou mineure, ou l'oc-

---

(r′) Cet accord appartient exclusivement au contre-point moderne; il se pratique sur la note sensible du mode de la dominante d'un mode mineur; ce mode de la dominante est une espèce particulière que les théoriciens n'ont point encore bien observée. Voyez mon Introduction à l'Étude générale et raisonnée de la Musique, 1ère part., 1ere sect., liv. I, chap. I.

(s′) Cet accord n'appartient qu'au contre-point moderne.

(t′) Cette tierce mineure forme seconde augmentée sous la quarte; exemple : la^b $\begin{smallmatrix} si \\ fa \end{smallmatrix}$. Cet accord est moderne.

tave, qui peut aussi, mais rarement, être rémplacée par l'u-
nisson; la sixte augmentée doit avoir tierce majeure, rarement
quinte majeure, plus rarement encore triton.

(η). La septième diminuée doit avoir tierce ou quinte mineure; la septième mineure aura tierce majeure ou mineure,
ou octave, ou quinte majeure; la septième majeure non liée,
frappée sans préparation et montant à l'octave, aura seconde
majeure ou quarte mineure; celle qui est liée et qui se résout
en descendant, doit avoir la tierce, même majeure, rarement
l'octave, et plus rarement encore, le simple unisson.

(θ). L'octave aura la tierce analogue au degré [de l'échelle].

(ι). La neuvième mineure aura de même la tierce majeure ou mineure, ou la sixte mineure; la neuvième majeure aura également une tierce ou la sixte majeure.

(κ). Les deux dixièmes auront la quinte, rarement la quinte
mineure; la dixième mineure aura l'octave ou la tierce [oc-
tave de la dixième]. Voyez *fig.* 109.

(60). Les accords de seconde, de quarte, de septième et
de neuvième, de même que ceux qui sont marqués du signe
N.B., ne peuvent servir nulle part dans la première espèce,
parce que ce sont des accords dissonans. En effet, dans la
composition à trois voix et dans celle à quatre, on ne permet que les accords parfaits et ceux des trois espèces de
sixte; mais la sixte ne peut jamais être augmentée ni dimi-
nuée. Les accords de quarte et tierce $\begin{smallmatrix}+6\\4\\\flat3\end{smallmatrix}$, ceux de sixte-
quarte $\begin{smallmatrix}8\\6\\4\end{smallmatrix}$, ceux de septième dominante sans préparation $\begin{smallmatrix}\flat7\\5\\*3\end{smallmatrix}$,
sont également exclus; il n'y a que les accords portés dans
la figure 110, que l'on puisse employer sur *ut*, par exemple,

dans la première espèce du contre-point sévère à trois voix
[les autres appartiennent au contre-point moderne].

(61). Les signes N. B. placés sur ces exemples indiquent
que les accords vides $\frac{8}{5}$, $\frac{5}{1}$, ne peuvent s'employer que sur
la première mesure (u'). Lorsqu'au-dessus d'un ton pris
pour basse, on fait entendre la quinte juste et la tierce,
soit majeure, soit mineure, on forme un assemblage qui se
nomme *accord parfait*, *triade harmonique parfaite* (*trias
harmonica perfecta*). Lorsqu'au-dessus de ce ton on place
une tierce ou une sixte, soit majeure, soit mineure, on obtient un accord consonnant imparfait, ou triade harmonique
imparfaite (*trias harmonica imperfecta*). Si la tierce était
majeure et la sixte mineure, la triade formerait un accord
faux ou dissonant. Tels sont les accords de seconde, quarte,
septième et neuvième, aussi bien que tous ceux qui renferment des intervalles diminués ou superflus avec leur accompagnement, soit qu'ils comprennent un seul ou bien trois,
cinq, six ou huit tons. Dans tous les cas, ces accords se
désignent [en allemand] par le nom de *triade harmonique
dissonante* (*trias harmonica dissonans*); (en français) par
le nom d'*accord dissonant* (v').

_____

(u') Toute la suite de cet article renferme des notions inexactes et
d'autant plus inutiles, qu'elles ne sont que des définitions de termes
appartenans à la nomenclature musicale de la langue allemande, qui ne
se rapporte pas à celle de notre langue. Nous ne conservons cet article
que par respect pour l'auteur.

(v') Il est très-important de faire la distinction d'un accord dissonant
et d'un accord discordant. Il faut remarquer, avant tout, que l'on désigne
aujourd'hui par le terme unique d'*accord*, toute réunion, soit consonnante, soit dissonante, soit concordante, soit discordante de sons entendus à la fois; ce qui a l'inconvénient d'introduire dans le langage la déno-

Lorsque, dans un accord, la note de basse est redoublée en octave, ou même lorsque la tierce ou la sixte est
redoublée, ce qui est permis dans la composition à trois et
même à quatre, cela s'appelle un *accord de deux sons
avec redoublement* (*verdoppelter Zweyklang*), et à quatre
parties, un *accord de trois sons avec redoublement*, (*verdoppelter Dreyklang*), redoublement qui sert à éviter les fautes.

(62). Dans la composition à trois voix, on permet déjà
les quintes, les octaves et unissons couverts, entre deux
des parties, surtout quand la troisième marche par mouvement contraire, ou quand la basse saute de quarte. On
exige encore que, des deux parties qui usent de cette licence,
la plus élevée marche par degrés (*fig.* 111).

---

mination absurde d'*accord discordant*. Le langage du moyen âge était
bien plus conséquent et bien plus commode; on y désignait, par les
termes d'*homophonie*, de *diaphonie*, *triphonie*, etc., et de *polyphonie*,
en général, les systèmes formés d'un seul, de deux, de trois, ou d'un
nombre quelconque de sons, termes qui avaient le double avantage d'indiquer la composition de ces assemblages, et de ne rien préjuger sur leur
nature harmonique. (Voyez *J. de Muris*, *Summa Musicæ*, c. **XXIV**.)
    Quoi qu'il en soit, toute réunion de sons est concordante ou discor-
dante : une réunion concordante est celle qui est agréable par elle-même
ou par la disposition qu'elle reçoit, ou, selon un langage plus précis,
naturellement ou artificiellement, ce qui donne deux classes d'accords,
les accords naturels ou consonnans, et les accords artificiels ou dissonans.
La réunion discordante est celle qui est désagréable par elle-même, qui
ne peut jamais devenir agréable, quelque disposition qu'on lui donne, et
qui par conséquent ne peut jamais être employée en musique. Il n'en
est pas ainsi des accords de seconde, de septième, etc.; à la vérité, ces
accords sont par eux-mêmes désagréables et durs à l'oreille; mais ils
deviennent très-agréables par la préparation et la résolution. Voyez, pour
de plus amples développemens, notre Introduction à l'Étude générale
et raisonnée de la Musique, première partie, première section, livre II.

Il est plus dangereux, dans la composition à trois que dans celle à quatre, de mettre deux tierces majeures de suite, surtout quand il s'agit d'accords parfaits. On tombe également dans une fausse relation, en pratiquant, d'un temps à l'autre, quelles que soient les tierces, l'octave, soit diminuée, soit augmentée (*fig.* 112).

(63). Les demi-cadences, telles que $\begin{matrix} +6 & 8 & 6 & 3 \\ 3 & 3 & 3 & 1 \\ mi & ré & si & ut \end{matrix}$ sont permises dans le cours de la composition : on peut aussi redoubler l'octave dans la dernière mesure. C'est seulement quand le plain-chant est dans la basse, qu'une des parties supérieures doit joindre la tierce à l'octave (*fig.* 115). Le commencement et la fin doivent être parfaits ; l'avant-dernière mesure ou l'avant-dernier accord doivent être en accord parfait avec tierce et quinte majeures, quand le plain-chant est dans le dessus ou dans la partie intermédiaire, auquel cas la basse porte la dominante [ou cinquième de l'échelle du mode] ; mais quand le plain-chant est dans la basse, l'avant-dernière mesure porte un accord consonnant imparfait, c'est-à-dire tierce mineure et sixte majeure, parce que les plain-chants ont ordinairement la seconde note de l'échelle pour pénultième (x') ; or cette seconde note doit toujours avoir tierce mineure et sixte majeure, quand elle descend à la première ou qu'elle monte à la troisième (15). Enfin les autres mesures ne reçoivent le plus ordinairement que les accords de $\frac{5}{3}$ ou $\frac{6}{3}$, ou bien ceux de $\frac{8}{3}$, $\frac{8}{6}$; $\frac{10}{3}$, $\frac{6}{6}$, lors-

---

(x') Quelquefois la finale d'un plain-chant se fait en montant d'un degré ; dans ce cas, la seconde ascendante est majeure, et la pénultième doit avoir l'accord parfait ; le même accord se place sur tous les autres sauts, même sur celui de tierce ascendante, qui, plus que tous les autres, pourrait comporter la sixte.

que les notes qu'elles renferment ne sont pas des notes sensibles.

(64). Voici maintenant (*fig.* 113) un exemple de contre-point simple à notes contre notes à trois voix, où les barres tirées en travers sur celles de la mesure indiquent les endroits où l'on a usé de la faculté de pratiquer les quintes et octaves couvertes.

On voit, *fig.* 114 et 115, le même plain-chant au dessus et dans la basse. Les N. B. placés sur ces deux exemples, annoncent que ce n'est point une faute dans le contre-point simple, de mettre de suite deux ou trois accords de sixte, parce qu'il n'y a point lieu à renversement; ce serait une faute dans le contre-point double, parce qu'il en résulterait deux quintes majeures, ou une quinte majeure après la quinte mineure, par mouvement semblable dans le renversement du dessus et de la basse (*fig.* 116).

(65). Une ancienne règle commandait d'écrire toujours les suites de sixtes en harmonie rapprochée, afin que l'on entendît moins la série de quartes qu'elles produisent entre les voix supérieures (*fig.* 117); mais il n'était pas toujours facile de descendre le dessus et l'alto, ou de remonter la basse, sans nuire à la bonne conduite du chant : en outre, la forme du sujet de plain-chant ou de fugue, oblige quelquefois d'écarter les parties, comme on le voit *fig.* 117, *a* et *b*. On a donc renoncé à cette règle [qui n'est plus donnée que comme un simple conseil] (*y'*).

_____

(*y'*) On remarque cependant que dans le cas d'écartement, il vaut mieux porter dans le haut la partie qui fait la quarte, et la mettre à la dixième de la basse, que de la poser en onzième avec le dessus, et en tierce avec la basse, parce que l'harmonie sonne mieux dans le haut que dans le bas.

(66). On voit, *fig.* 118, 119, 120, trois exemples de contre-point en *mi* mineur, où le sujet occupe successivement les trois parties. Les N. B. placés sur le dernier de ces exemples, font remarquer qu'il n'y a point faute à redoubler les deux notes formant demi-ton, parce qu'aucune de ces notes n'est la sensible.

Je terminerai ce chapitre par l'observation suivante : c'est que Hændel, Seb. Bach et plusieurs autres grands maîtres se sont très-souvent servi des trois phrases que l'on voit *fig.* 121, dans lesquelles il y a des quintes couvertes [et où quelques-unes des parties vont par mouvement contraire]; mais les autres où les trois voix vont par mouvement semblable, celles même où la partie supérieure va par mouvement contraire avec la basse, mais par saut, sont toutes vicieuses et rejetées. [Voyez Principes de Composition d'Italie, liv. II.]

CHAPITRE XIV.

De la deuxième espèce du contre-point simple à trois voix.

(67). Il faut appliquer à cette espèce tout ce qui a été prescrit sur les licences et les prohibitions de la précédente et de la deuxième espèce à deux voix. On remarquera seulement que le saut de tierce, qui, dans cette dernière espèce, ne sauvait pas la faute des deux quintes et des deux octaves, la sauve en partie dans celle dont il est question ici, du moins pour la voix intermédiaire; car la prohibition subsiste toujours entre le dessus et la basse; et même quand cette sorte de succession : 5 3 | 5... ou 8 6 | 8..., se trouve employée plus d'une fois de suite dans la partie moyenne, cela est regardé comme une faute, parce que cela ressemble encore trop à une suite de quintes (*fig.* 122).

(68). Dans cette espèce, aussi bien que dans les suivantes, les fausses relations [entre les parties] sont permises, pourvu qu'elles ne choquent pas l'oreille [et qu'elles ne viennent pas d'un vice de la modulation]. On peut aussi, au temps levé, employer souvent des accords un peu vides, tels que $\frac{8}{5}\ \frac{5}{1}\ \frac{5}{5}\ \frac{6}{1}\ \frac{8}{8}$; on peut mettre dans la première mesure des accords tels que $\frac{8}{5}\ \frac{1}{3}$, lorsque le contre-point est dans une des parties supérieures, et que la tierce ne trouve point à se placer : la dernière mesure peut avoir $\frac{8}{8}$ [octave redoublée] lorsque le sujet n'est point dans la basse; mais quand il occupe cette partie, il faut donner la tierce analogue au mode, avec l'octave ou l'unisson. La quinte avec l'octave serait trop vide pour terminer, et le vieil adage *in fine cognoscitur cujus modi*, « c'est à la fin que l'on reconnaît le mode. » ne serait pas accompli; car sans la tierce on ne peut point juger l'espèce du mode.

Il y a encore aujourd'hui beaucoup de compositeurs qui sont incertains s'ils doivent finir par la tierce majeure ou mineure un morceau à pleine harmonie en mode mineur. La plupart des maîtres d'à présent soutiennent qu'il doit finir par la tierce mineure; mais on peut aussi la terminer par la tierce majeure, quand il ne vient rien après (z').

(z') Dans la musique d'église et dans la facture antique, où le sentiment du mode est établi d'une manière tout-à-fait particulière et beaucoup plus vague, où le local d'ailleurs exige une grande tenue et une grande sonorité, il faut terminer par la tierce majeure, qui donne beaucoup plus d'éclat au point d'orgue final : dans la musique moderne, où

(69).

(69). L'avant-dernière mesure peut avoir diverses formes de terminaison (*fig.* 123).

Le dessus et l'alto de ces exemples peuvent se renverser, c'est-à-dire se changer l'un en l'autre.

Tous les frappés doivent contenir un accord [consonnant] parfait ou imparfait, comme $\frac{5}{3}$, $\frac{8}{3}$; $\frac{6\,8}{3\,6}$, $\frac{3\,6}{3\,6}$. On permet ici, par nécessité, deux consonnances parfaites de même espèce, du levé au frappé, entre les voix extrêmes, par mouvement contraire. On voit, *fig.* 124, *a*, un exemple de cette licence pour les deux quintes, dans un passage de Fux, et *fig.* 124, *b*, la manière dont cette licence peut se corriger.

On trouvera, *fig.* 125, 126 et 127, un exemple en mode majeur de cette espèce du contre-point à trois voix, où le sujet occupe successivement les trois parties ; et *fig.* 128, 129 et 130, un exemple semblable en mode mineur.

CHAPITRE XV.

De la troisième espèce du contre-point simple à trois voix.

(70). Tout ce qui a été dit et prescrit dans les deux espèces précédentes, sur la composition à trois parties, doit encore s'appliquer à l'espèce présente, dans laquelle on place au contre-point quatre, six ou huit notes égales, contre chaque note de plain-chant. Il faut seulement remarquer

___

le sentiment du mode est très-précis, et où la terminaison est liée et as-sujétie, comme ce qui précède, à la mesure et au rhythme, il faut ter-miner par la tierce mineure.

5

que le contre-point peut commencer par un soupir ou moitié
de temps; la première note, précédée ou non d'un silence,
n'est point assujétie à la consonnance parfaite, comme dans
les morceaux à deux voix; elle peut être une tierce, lorsque
l'autre partie fait la quinte ou l'octave. En un mot, l'accord parfait que doivent avoir toutes les espèces dans leur
première mesure, peut être employé comme l'on veut dans
les morceaux à trois et à un plus grand nombre de parties (a'').

La dernière note de l'avant-dernière mesure doit être une
sixte majeure accompagnée de la tierce mineure, quand le
sujet est dans la basse [et qu'il a pour pénultième la deuxième
note de l'échelle du mode]; si la basse avait [pour pé-
nultième] la dominante soutenue, le contre-point aurait la
tierce majeure, parce que le plain-chant aurait la quinte
[qui serait cette deuxième dont nous venons de parler]. Quand
le contre-point est dans la basse, il peut avoir la tierce
mineure accompagnée de la sixte dans la troisième partie,
ou la dominante accompagnée de la tierce dans cette
même partie; le plain-chant faisant la quinte, ce qui donne
la cadence parfaite dont on voit l'exemple *fig.* 131, *n.*

Les mêmes terminaisons peuvent se faire dans la partie
moyenne; quand cette partie contient le contre-point; le
dessus fait alors la partie de remplissage.

On voit, *fig.* 132, 133, 134, les exemples de contre-point
en mode majeur, et *fig.* 135, 136, 137, les exemples en
mode mineur.

(a'') Les règles prescrites en traitant de cette espèce à deux parties,
pour le choc des notes du contre-point contre celles du sujet, s'appliquent,
dans l'espèce actuelle, au choc de ces mêmes notes contre celles de toutes
les parties.

CHAPITRE XVI.

De la quatrième espèce du contre-point simple à trois voix.

(71). CETTE espèce se nomme *contre-point lié* ou *syncopé à trois voix;* nous avons déjà dit, en parlant de la première espèce à trois voix, quel est le troisième son qu'il faut ajouter à chaque consonnance et à chaque dissonance (59). La septième mineure peut quelquefois, par nécessité, être accompagnée de l'octave; la septième majeure ne peut avoir cet accompagnement que rarement et quand elle n'est pas la note sensible (*fig.* 138, *a*). Il est également permis d'employer dans cette espèce l'accord de quarte et sixte au levé, quoique tous les levés doivent être des accords consonnans; mais cette permission n'a lieu que pour la résolution de l'accord de quinte et sixte, la basse restant immobile (*fig.* 138, *b, c*).

(72). C'est, comme on sait, une règle générale dans la composition rigoureuse, mais sujette à exception dans la composition libre, de préparer toutes les dissonances au levé ou dans une partie faible de la mesure, par un accord consonnant, de la lier au frappé ou dans la partie forte de la mesure, et enfin de la résoudre sur la consonnance la plus proche, au levé suivant. C'est pourquoi je vais donner ici quelques exemples des retards que l'on peut pratiquer sur la sixte et sur l'accord parfait, en indiquant ceux qui peuvent servir dans la composition sévère, dans la composition libre, et ceux qui ne peuvent servir nulle part. Voyez *fig.* 139, pour les retards de la sixte. On peut employer dans la composition sévère les exemples *a, d, g, j, k, l, m, n, o;*

5..

les exemples b, e, h, p, q peuvent servir dans la composition libre; les exemples c, f, i sont à rejeter.

On voit, *fig.* 140, les retards de l'accord parfait : les exemples a, b, c, d, f, sont bons dans la composition sévère; g et k s'emploient en style libre; e et h ne valent rien : ce dernier, corrigé comme l'on voit en i, peut s'employer.

Ces suspensions, retards ou prolongations, comme on voudra les appeler, conviennent également dans la composition à quatre et à un plus grand nombre de parties; ce qui est bien ou mal dans l'espèce actuelle, le sera de même dans celle-ci.

(73). Le contre-point, ou partie syncopée, doit commencer par une demi-pause. La dernière mesure peut finir par la tonique, dans les trois parties, ou bien avoir, outre l'octave, la tierce conforme au mode. L'avant-dernière mesure doit avoir $\frac{5\,-}{4\;3}$, lorsque la basse fait la dominante; $\frac{7\;+6}{3\;-}$, lorsque cette partie fait le plain-chant [et que la pénultième du plain-chant est la deuxième de l'échelle]; mais quand la basse fera les syncopes, l'avant-dernière mesure aura $\frac{4\;5^{\flat}}{2\;3}$, ou $\frac{5\;6}{2\;3}$. Les autres mesures pourront avoir au frappé une ligature de consonnance ou de dissonance (Il vaut mieux, au reste, employer souvent ces dernières.). Au levé, il faut toujours placer un accord consonnant parfait ou imparfait, [soit complet] $\frac{5}{3}$ ou $\frac{6}{3}$, [soit incomplet] avec redoublement, comme $\frac{8\;8}{3\;6}$ ou $\frac{3\;6}{3\;6}$, ou du moins un de ces accords vides $\frac{5\;8\;8\;6}{1\;5\;8\;1}$. On peut aussi, par nécessité, mettre au frappé, dans quelques mesures, une note libre [non liée], ou une demi‑pause, au lieu de ligature.

(74) On voit, *fig.* 141, 142, 143, des exemples de cette espèce de contre‑point en mode majeur. Le dernier de ces exemples renferme dix fautes. La première est la quinte *la*, dans la deuxième mesure, au lieu de la tierce *fa* qui doit accompagner la neuvième majeure. — La deuxième est le saut de sixte du *ré* au *si*, dans le contre‑alto ; ce saut est défendu, parce que la deuxième note de l'intervalle est la note sensible du mode principal, laquelle, prise de cette manière, est difficile à entonner quand il n'y a pas d'ac‑compagnement d'instrumens ; les autres sauts de sixte majeure sont tous permis aujourd'hui [dans le contre‑point libre]. — La troisième faute est le *si* de la quatrième me‑sure du contre‑alto, parce qu'il redouble [au frappé] la note sensible de l'accord suivant, redoublement qui n'est permis qu'au levé [vu que cette harmonie de quinte redou‑blée est trop rude]. — La quatrième faute est la quinte *sol* dans le contre‑alto, au frappé de la cinquième mesure, parce qu'accompagnée de l'octave, elle donne une mesure trop maigre, et que [comme nous venons de le dire] ces accords vides ne doivent s'employer qu'au levé. — La cin‑quième faute est le *mi contra fa*, ou fausse relation qui se trouve entre l'*ut* cinquième mesure du dessus, et l'*ut** sixième mesure du tenor. — La sixième faute est l'accord de quinte et sixte dans la huitième mesure, parce que cette quinte, qui est mineure, ne se trouve pas suivie de l'accord parfait d'*ut* au levé, ou dans la mesure suivante. Dans la compo‑sition libre, il faudrait que cet accord fût résolu en tierce sur l'accord parfait sans *ingapno* (*fig.* 144, *a*, *b*). — La septième faute est la mauvaise relation du même *fa*, quinte mineure de l'accord précédent avec le *fa** dans la neuvième

mesure. — La huitième faute est la liaison de quarte sous la tierce obligée [ensorte que cette quarte ne peut être accompagnée de la quinte, qui est son accompagnement naturel]. — La neuvième faute est encore une mauvaise relation qui se trouve entre le *si* de la dixième mesure de l'alto et le *fa* de la mesure suivante du tenor. On remarquera d'ailleurs que cette ligature de quarte majeure peut bien s'employer dans la composition à trois voix accompagnée de la sixte majeure naturelle, lorsque la note *si*, qui fait cette liaison, appartient au mode mineur de *la*, mais non quand elle provient du mode majeur d'*ut* (*fig.* 145). — La dixième faute est la liaison d'unisson de l'avant-dernière mesure, parce qu'il devrait y avoir ligature de $\frac{5—}{4\ 3}$.

On voit, *fig.* 146, la correction de cet exemple, et *fig.* 147, 148 et 149, trois autres exemples de la même espèce de contre-point en *mi* mineur.

CHAPITRE XVII.

De la cinquième espèce du contre-point à trois voix.

(75). CETTE espèce est celle du *contre-point fleuri.* On peut y placer alternativement chacune des trois espèces précédentes et y introduire çà et là deux croches pour une noire [comme on l'a vu précédemment]. La composition doit commencer et finir par un accord parfait; la quinte est défendue en terminaison; l'avant-dernière mesure, pour faire la terminaison, aura, dans les parties supérieures, la liaison de quarte résolue sur la tierce $\frac{5—}{4\ 3}$ [si la basse fait

la dominante], ou la septième résolue sur la sixte ma-
jeure ♭$\frac{7}{3}$ ^{6}— [si le plain-chant est dans la basse et a pour
pénultième la deuxième de l'échelle]. Mais quand le contre-
point est dans la basse, il prend la seconde majeure résolue en descendant sur la tierce mineure, et accompagnée
de la quarte ou de la quinte dans la troisième partie. Les
ligatures où la dissonance est plus longue que la préparation, sont toujours vicieuses; mais au contraire les ligatures sont bonnes, quand la préparation est plus longue que
la dissonance (*fig.* 150).

C'est une disposition blâmable, après les syncopes pra-
tiquées dans ces exemples, comme on le voit en *b* et *c*, *fig.* 150,
de ne pas continuer avec des noires, comme on le voit en *e*,
ou avec de nouvelles syncopes, parce qu'alors le chant ressemble à une suite de notes coupées. Nous avons expli-
qué précédemment (art. 56) ce que c'est que des notes
coupées, en traitant du contre-point fleuri à deux voix.

Il faut bien faire attention, dans cette cinquième espèce,
de former le trio parfait et une harmonie pure. La même
espèce ne doit pas durer trop long-temps (art. 54, 6), il faut
s'abstenir de la première espèce jusqu'à la dernière mesure,
et se servir le plus souvent de la quatrième avec la ligature
brève.

(76). Voyez, *fig.* 151, 152, 153, les exemples de cette
espèce de contre-point en mode majeur, et *fig.* 154, 155,
156, les exemples en mode mineur. Le N. B. placé sous
le *ré*, dans la basse de ce dernier exemple, annonce que
ce *ré*, pris par saut, ne fait pas mauvais effet, quoiqu'il
porte $\frac{6}{4}$, parce qu'il est sur une partie faible du temps,
Si l'on écrivait à quatre parties, ou si l'on accompagnait

5*

de l'orgue, on ajouterait l'octave à la première note *sol*,
et ce *ré* aurait un accord de $\frac{6}{4}$ de passage, qui serait même
pris par saut (*fig.* 157, *a*).

Dans cette espèce, comme dans la troisième, il est permis
de donner $\frac{6}{4}$ à la 3ᵉ et à la 4ᵉ notes, quand la basse parcourt l'accord parfait entier ou l'accord de sixte (*fig.* 157,
a, et suiv.); il n'y a que la première note sur laquelle
il soit défendu de pratiquer cette harmonie sans ligatures.

(77). On voit encore, *fig.* 158 et suivantes, des exemples
du contre-point à trois voix, de toutes les espèces, dans
la mesure à trois temps, savoir, *fig.* 158 pour la première espèce; *fig.* 159 pour la seconde; *fig.* 160 pour la troisième;
fig. 161 pour la quatrième; et *fig.* 162 pour la cinquième.

On range encore dans cette cinquième espèce, ces exemples
ingénieux où l'on pratique sur un sujet deux espèces à la fois;
ce qui est une anticipation sur la composition libre, où
dans chaque partie on peut mettre des notes de différente
valeur (*fig.* 163 et 164). Le N. B. placé sur la basse de
ce dernier exemple, annonce que ce n'est point une faute,
d'employer la septième essentielle (*b''*) par saut; on la trouve
aujourd'hui employée ainsi dans de très-bons auteurs.

(*b''*) Par septième essentielle (*wesentliche Septime*), l'auteur entend
ici la septième de dominante. « Tous les professeurs, dit M. Koch, qui
» [selon la théorie de Kirnberger] regardent les dissonances préparées
» comme la prolongation de l'harmonie précédente sur l'accord suivant,
» appellent *dissonance essentielle* la septième de dominante et ses ren-
» versemens [par opposition aux dissonances préparées, qu'ils nomment
» *dissonances accidentelles*, (*zufällige Dissonanzen*).] Voyez sur cette
théorie connue depuis long-temps en Allemagne, la Préface de mon
Traité d'Harmonie qui se trouve chez le même Libraire.

IV.

CONTRE-POINT SIMPLE A QUATRE PARTIES.

(78). L'élève qui se sera beaucoup exercé sur le contre-point à trois voix, aura nécessairement remarqué que dans un grand nombre de cas, ce contre-point ne produit effectivement qu'une harmonie à deux voix, par la nécessité où l'on se trouve, pour éviter les fautes, d'abandonner le troisième son des accords et de redoubler l'un des deux autres. En outre, la disposition à trois voix ne permet pas d'employer toutes les voix, qui, comme on sait, sont au nombre de six, savoir, trois genres de voix d'hommes et autant de voix de femmes. Cette double considération d'une harmonie plus pleine et plus complète, et d'une plus grande facilité à employer les divers genres de voix, a donné un très-grand crédit à la composition à quatre parties, dans laquelle on emploie les extrêmes de chaque genre, c'est-à-dire la basse-taille, le tenor, pour les voix d'hommes; le contre-alto et le premier dessus, pour les voix de femmes (c'').

(c'') Les voix d'hommes se désignent généralement par le nom de *taille*, et l'on en distingue trois espèces, *basse-taille, moyenne-taille*, autrement appelée *baryton*, et *haute-taille* ou *tenor*. La portée commune de ces voix est indiquée par la clef de *fa* en quatrième ligne, celle en troisième ligne, et la clef d'*ut* en quatrième ligne. On peut y ajouter une ligne dans le haut, pour avoir toute l'étendue à l'aigu.

Les voix de femmes se désignent par le nom de *dessus*; il y en a trois espèces, le haut, le moyen et le bas dessus, autrement appelé *contre-alto*, dont les clefs sont celle de *sol* sur la deuxième ligne, celle d'*ut* sur la première et la seconde ligne.

Tels sont les principes; mais les exceptions ne sont pas moins nom-

Cet assemblage de voix est regardé comme ce qu'il y a de plus parfait ; c'est au moins celui qui est le plus généralement

---

breuses. Les mauvaises méthodes d'enseignement ayant fait négliger diverses clefs, plusieurs voix s'écrivent sur des clefs qui ne leur sont pas propres ; ainsi le baryton s'écrit ordinairement sur celle de *fa*, quatrième ligne, dont on surcharge la portée d'une foule de lignes additionnelles ou postiches, ce qui est également incommode à lire et à écrire. Le contre-alto, ou bas-dessus, s'écrit sur la clef d'*ut*, troisième ligne, et en Italie on écrit le premier dessus sur la clef d'*ut* en première ligne ; cette dernière disposition est celle qui a le moins d'inconvéniens, vu que l'on ne fait pas monter très-haut ce genre de voix, dans la musique à plusieurs parties.

En France il règne une étrange et fort mauvaise habitude, quant à la composition du chœur à quatre parties, c'est de n'employer qu'une seule voix de dessus contre trois voix d'hommes. Cet arrangement, qui provient sans doute de la difficulté de se procurer des dessus sachant la musique, a de fort grands inconvéniens. D'abord il porte l'harmonie dans le bas, ce qui est contraire aux règles, qui prescrivent de la porter dans les dessus ; et ce qu'il y a de pire, c'est que le dessus se trouve isolé et porté à une grande distance des voix graves, tandis qu'au contraire, en cas d'isolement, les dessus devraient être groupés entr'eux et éloignés des basses. En outre, les réponses de fugues deviennent très-difficiles, à cause de la répartition inégale des voix dans le diapason général ; il est même certains modes où elles sont presqu'impossibles.

Pour obvier à ce vice de répartition, on emploie un remède qui est encore pire que le mal, c'est de faire exécuter la partie de contre-alto par un certain genre de voix, auxquelles on donne improprement le nom de *haute-contre*, à raison des fonctions qu'elles usurpent. Ces prétendues hautes-contres ne sont en effet que des tenors fort élevés, que l'on emploie toujours dans le haut de leur diapazon ; mais il résulte de là que ces voix, naturellement aigres et criardes, étouffent les autres parties et sont seules entendues, sur-tout à une certaine distance. Tel est l'effet à la fois révoltant et ridicule, qui, jadis, se faisait constamment remarquer à l'Académie royale de Musique ; mais depuis un certain nombre d'années, que la permanence d'un théâtre italien dans la capitale de la France ; que nos relations, plus suivies et plus intimes avec l'Allemagne et l'Italie, et nos études améliorées, ont commencé à rectifier le goût et les idées ;

usité. On verra cependant, par la suite, que la composition à cinq parties, qui donne le moyen d'employer tous les dessus, a aussi de grands avantages].

CHAPITRE XVIII.

De la première espèce du contre-point simple à quatre parties.

(79). LA première espèce est celle de *notes contre notes*, ou de notes égales. Ces notes, égales à celles du sujet, peuvent d'ailleurs être des rondes, des blanches, des noires, etc. Quand, dans les morceaux à deux, trois, quatre ou un plus grand nombre de voix, toutes les notes sont égales [chacune à chacune], on a toujours la première espèce, dite de *contre-point égal* [ou *contre-point uni*]; les autres appartiennent au *contre-point inégal* [ou *diminué*] (*d"*).

Dans l'espèce actuelle du contre-point à quatre parties, on ne permet pas d'autres accords que l'accord parfait avec tierce mineure ou majeure $\frac{8}{5}$, et l'accord de sixte majeure
$\frac{}{3}$

depuis, en outre, que l'exécution fréquente des chefs-d'œuvre des grands maîtres de ces deux écoles ont contraint à adopter une disposition différente, l'ancienne méthode a commencé à être abandonnée; elle est rejetée à la chapelle de la Cour, où le célèbre Paisiello a introduit, dès l'origine, celle qui est en usage dans toute l'Europe; à l'Académie royale, on a considérablement augmenté le nombre des dessus, et en cas de besoin, ces voix se partagent en premier et second dessus, ou bien en dessus et contre-alto. Il est à desirer que la réforme fasse des progrès et fasse cesser une disparate également contraire au bien de la composition et de l'exécution musicale.

(*d"*) La diminution consiste à employer plusieurs notes de valeur moindre, contre une note de plus grande valeur.

ou mineure avec la tierce convenable et l'octave $\begin{smallmatrix}8\\6\\3\end{smallmatrix}$ (e'').

Cependant il ne faut pas arranger la chose de manière que la sixte soit mineure et la tierce majeure, car ce serait un faux accord (f'').

On peut et l'on doit souvent varier l'accord parfait $\begin{smallmatrix}8\\5\\3\end{smallmatrix}$; on peut employer la forme $\begin{smallmatrix}3\\5\\3\end{smallmatrix}$ ou $\begin{smallmatrix}5\\5\\3\end{smallmatrix}$, [c'est-à-dire redoubler la quinte ou la tierce], si la tierce n'est pas la note sensible du mode, et si la quinte n'est pas mineure. Les mêmes observations ont lieu pour l'accord de tierce et sixte $\begin{smallmatrix}8\\6\\3\end{smallmatrix}$, qui se varie sous les formes $\begin{smallmatrix}6\\3\\3\end{smallmatrix}$ ou $\begin{smallmatrix}3\\6\\6\end{smallmatrix}$: les accords de quarte et sixte $\flat\begin{smallmatrix}8\\6\\4\end{smallmatrix}$ ou $\natural\begin{smallmatrix}8\\6\\4\end{smallmatrix}$, sont encore interdits [dans la facture antique, mais ils sont permis dans la facture moderne, pour les terminaisons; on y emploie même

---

(e'') Dans la composition moderne, on permet dans cette espèce à deux, à trois, à quatre et à tel nombre de parties que ce soit, l'accord de dominante et ses renversemens.

(f'') Par exemple : $\begin{smallmatrix}ut\\sol^*\\mi\end{smallmatrix}$. Cet accord est le premier dérivé de l'accord parfait avec une quinte majeure $\begin{smallmatrix}sol^*\\mi\end{smallmatrix}$, qui s'emploie très-bien dans la facture moderne, comme accord altéré; exemple : $\begin{smallmatrix}sol&sol^*&|&la\\mi&mi&|&fa\\ut&ut&|&fa\end{smallmatrix}$, et pour la sixte, $\begin{smallmatrix}ut&ut&|&ut\\sol&sol^*&|&la\\mi&mi&|&fa\end{smallmatrix}$; mais il ne s'emploie pas dans la facture antique.

en cette facture la quarte à deux voix, comme consonnante] ; on défend aussi dans cette espèce tous les accords dissonans. La quarte essentielle (*quarta fundata*) qui se présente dans le second renversement de la septième de dominante, et qui s'emploie [en facture moderne] dans l'échelle de la basse, avec sixte majeure et tierce mineure $\begin{smallmatrix}+6\\4\\3\end{smallmatrix}$, est encore défendue ici [en facture antique] ; elle est permise dans la composition libre, comme les autres accords dissonans (*g"*).

(80). Il est facile de donner ici à la première mesure l'accord parfait complet $\begin{smallmatrix}8\\5\\3\end{smallmatrix}$ ou $\begin{smallmatrix}5\\3\\1\end{smallmatrix}$; la dernière mesure, qui doit avoir ce même accord, ne peut le porter complet que quand le plain-chant se trouve dans la partie inférieure ; mais quand il est dans une des parties supérieures, la dernière mesure [ne peut avoir la quinte ; elle] ne peut avoir que $\begin{smallmatrix}8\\8\\3\end{smallmatrix}$ ou $\begin{smallmatrix}8\\3\\1\end{smallmatrix}$. Car dans cette circonstance, le plain-chant termine en descendant [diatoniquement] sur le ton

---

(*g"*) Dans la facture moderne, la septième de dominante et ses renversemens s'emploient sans difficulté dans le contre-point de notes contre notes, quel que soit le nombre de voix. Les auteurs ne sont pas également d'accord sur les dissonances soumises à la préparation ; quelques-uns les proscrivent, d'autres les permettent. Je crois qu'en principe ces dissonances sont permises dans ce genre de contre-point, en facture moderne, mais qu'il est des circonstances où l'on doit se les interdire : tel est, par exemple, le cas où une composition est destinée à être exécutée par un grand nombre de personnes, parmi lesquelles il doit s'en trouver de peu exercées, car ces dissonances leur rendraient l'exécution impossible. Du reste, je renvoie l'examen de cette question à mon Traité de Composition selon les principes de la facture moderne.

principal du mode ; la tierce majeure que l'on doit donner
dans l'avant-dernière mesure, sur la dominante [qui fait la
basse], monte également sur la tonique ; [la dominante
dans la basse descend par quinte sur la tonique] : il y a donc
trois parties qui prononcent cette tonique ; la quatrième,
qui double le plain-chant ou la basse, c'est-à-dire qui fait
la quinte ou l'octave de la dominante, doit passer à la tierce
de l'accord parfait de la tonique (*fig.* 165).

Quand le plain-chant est dans la partie inférieure ,
l'avant-dernière mesure doit avoir $\begin{smallmatrix} +6 \\ \flat 3 \\ \flat 3 \end{smallmatrix}$ ou $\begin{smallmatrix} 8 \\ +6 \\ \flat 3 \end{smallmatrix}$ (*même figure*).

(81). Les quintes, octaves et unissons couverts, qui ne
contrarient pas la bonne harmonie, ont lieu entre des
parties dont l'une marche par degrés. Cependant cette sorte
de licence se souffre plus volontiers entre les voix intermédiaires [ou d'une voix moyenne à une voix extrême,
qu'entre les extrêmes]. Dans ces licences, la voix la plus
haute ne doit pas avoir de plus grand saut que celui de
quinte ; la basse et les voix intermédiaires peuvent avoir
des sauts de sixte et même d'octave. Sur le saut de quarte
ascendante ou descendante de la basse, aussi bien que
sur le saut de sixte ascendante, on peut toujours faire des
quintes ou des octaves couvertes résultant du mouvement
semblable ; mais si la partie supérieure use de cette licence
contre la basse en faisant un saut permis, il faut avoir soin
qu'au moins une des autres parties marche par mouvement
contraire.

On peut voir (*fig.* 166) quelques exemples de licences
de quintes et d'octaves indiquées par des basses transver-
sales. L'exemple *a* vaut mieux en montant qu'en descendant;
l'exemple *n* ne vaut rien, à cause des deux quintes de suite

en montant, entre les deux parties intermédiaires, dont la première est mineure; l'exemple *o* est encore plus défectueux, parce que la faute se trouve entre une partie moyenne et l'une des extrêmes; l'exemple *p* est bon, parce que la note qui fait la quinte mineure ascendante dans le contre-alto, descend dans le dessus en octave.

(82). On voit, *fig.* 167 et 168, deux exemples de contre-point de cette première espèce en majeur, où le sujet est dans le dessus et dans l'alto. [L'auteur n'a pas mis les autres, pour abréger].

Les figures 169 et 170 présentent deux autres exemples en mode mineur, où le sujet est dans le tenor et la basse. Le N. B. placé sur l'avant-dernière mesure de cet exemple, annonce que cette mesure peut être plus longue que les précédentes, pour rendre la cadence finale plus sensible.

Les étudians auront soin de compléter les exemples qui manquent [et d'en faire un grand nombre d'autres].

Les cadences que l'on voit, *fig.* 171, sont contraires à l'ancienne règle, qui prescrit de faire monter la note sensible (*sub semi-tonium modi*) dans les terminaisons. [L'exemple *a* est vicieux par cette raison; on voit la correction en *b*. La même observation a lieu pour les exemples *c* et *d*; l'exemple *e* est le plus mauvais de tous, parce que la faute se trouve dans la partie aiguë. Cette marche est tolérée dans une partie moyenne, quand on écrit à un grand nombre de parties].

CHAPITRE XIX.

De la deuxième espèce du contre-point simple à quatre voix.

(83). Dans cette espèce, on pose encore deux ou trois notes contre une note sur le plain-chant, dans chacune des voix successivement; les deux autres vont en notes égales avec le plain-chant.

Il faut encore remarquer qu'ici le saut de tierce dans le contre-point, ne sauve ni les octaves, ni les quintes, principalement entre les parties extrêmes. Voyez *fig.* 172, *a*, *b*, *c*, pour les quintes; même figure, exemple *d*, *e*, *f*, pour les octaves (*h″*).

Toutes ces fautes, aussi bien que les licences que nous venons d'accorder pour la première espèce, et dans lesquelles la première partie fait un saut, peuvent, dans la composition libre, être évitées, en employant plusieurs notes et en se servant du mouvement contraire que l'on donne à une partie intermédiaire, au lieu d'une tierce.

Il y a aussi des licences qui se tolèrent, en faveur du contre-point double.

On voit, *fig.* 174 et 175, deux exemples de cette espèce de contre-point en mode majeur: l'exemple 175 commence mal, parce que [pendant le silence de la basse, les trois autres parties font entendre un accord de sixte et quarte

---

(*h″*) De très-bons auteurs ont pensé que le saut de tierce en notes blanches, dans la basse, sauvait les deux quintes entre cette partie et la partie supérieure. Voyez *fig.* 173, un exemple à trois voix tiré de *Palestrina.*

sur

sur le tenor, accord d'autant plus vicieux, à raison de la place qu'il occupe].

On voit, *fig.* 176 et 177, deux autres exemples de la même espèce en *mi* mineur.

CHAPITRE XX.

De la troisième espèce du contre-point simple à quatre parties.

(84). DANS cette espèce, le contre-point emploie quatre ou huit notes dans les mesures paires, et six dans les mesures impaires, contre chaque note de plain-chant. Les règles et exceptions des deux espèces précédentes, sont encore applicables à cette espèce. Il faut se garder, dans toutes les mesures, de faire des quintes ou octaves couvertes, du levé au frappé.

Il est permis dans cette espèce, à cause de l'excursion du contre-point, de toucher de temps en temps aux tons des trois autres parties, c'est-à-dire, de les redoubler et de faire quelquefois des unissons avec elles, [tantôt avec l'une, tantôt avec l'autre].

[On permet aussi, à quatre parties, de croiser les parties intermédiaires, c'est-à-dire, de faire passer de temps en temps le tenor au-dessus de l'alto, ou l'alto au-dessus du tenor; mais il faut éviter de faire croiser les extrêmes avec les parties moyennes, par exemple l'alto, et à plus forte raison le tenor avec le dessus, ou le tenor et l'alto avec la basse. Tout cela est rejeté dans le contre-point simple; cette licence s'admet dans les contre-points dessinés pour répondre à un sujet, parce qu'ici c'est le dessin qui doit dominer].

6

(85). [On voit, *fig.* 178 et 179, deux exemples de cette espèce de contre-point en mode majeur. La dernière mesure du second exemple fait voir la licence d'une octave prise, par mouvement semblable, entre le dessus et la basse; mais cette prétendue licence est permise, même à deux parties, à cause du demi-ton. Les auteurs les plus sévères approuvent et même prescrivent cette marche, la seule qu'il y ait à tenir en cette circonstance.

Les exemples 180 et 181 appartiennent à la même espèce en mode mineur : on voit à la cinquième mesure du contre-alto du premier de ces exemples, une licence qui consiste dans le changement d'espèce que cette partie éprouve en cette mesure, en faisant deux notes au lieu d'une contre celle du sujet, ce qui se fait quelquefois par nécessité].

CHAPITRE XXI.

De la quatrième espèce du contre-point simple à quatre voix.

(86). Cette espèce est celle du contre-point syncopé. Nous avons déjà fait voir que les dissonances liées ne sont autre chose que le retard d'une consonnance parfaite ou imparfaite, et que, dans la composition sévère, il faut les résoudre en descendant diatoniquement; mais je crois devoir répéter ici, en faveur de ceux qui n'ont pas étudié l'accompagnement, quels sont les intervalles dont chacune d'elles doit être accompagnée.

(*a*). La neuvième doit être accompagnée de la tierce analogue au degré du mode, et de la quinte (*fig.* 182, *a*),

ou de la sixte (*fig.* 182, *b*), au lieu de la quinte (*i*″);
si la sixte et la quinte ne produisaient pas un bon effet,
on prendrait la tierce redoublée (*fig.* 182, *c*); mais il faudrait
prendre garde que cette tierce ne fût la note sensible
de l'échelle (*fig.* 182, *d*).

(ϐ). La septième doit être accompagnée de la tierce et de
l'octave (*fig.* 183, *a*); souvent aussi on redouble la tierce
(*ibid.*); mais quand, par nécessité, on prend la quinte
avec la septième et la tierce, ce qui doit se faire rarement, il faut, au levé [c'est-à-dire au moment de la résolution de la septième sur la sixte], passer à l'octave ou
à la tierce (*fig.* 183, *b*, troisième mesure du tenor). On
peut encore, dans ce cas, passer, par licence, de la quinte
à la sixte, si cette sixte n'est pas la note sensible (*fig.* 183, *c*).
On abandonne ainsi la quinte, parce qu'en la conservant
(*fig.* 183, *d*), il en résulterait un nouvel accord de dissonance, formé par la sixte contre la quinte, qui n'est pas
permis au levé, sinon dans la composition libre, et principalement après la septième diminuée (*fig.* 183, *e*).

(γ). La quarte doit être accompagnée de la quinte et
de l'octave (*fig.* 184, *a*), ou de la quinte redoublée
(*fig.* 184, *b*), ou de la sixte avec l'octave (*fig.* 184, *c*);
cette quarte est le plus souvent la quarte mineure, qui doit
se résoudre sur la tierce majeure ou mineure.

(δ). La seconde, qui est ici la seule dissonance prati-
quée dans la basse, doit avoir la quinte majeure redoublée
(*fig.* 185, *a*), ou la quinte et la seconde elle-même redoublée (*fig.* 185, *b*, *c*), particulièrement quand la disso-

(*i*″) La neuvième, accompagnée de la sixte, est, comme on sait,
un renversement de la onzième.

6..

nance ne doit descendre que d'un demi-ton (j''). Dans cette
résolution, on entend un accord agréable de sixte sans
octave à l'aigu, tel que $\frac{6}{3}$ ou $\frac{6}{3}$; mais si l'on voulait accompagner la seconde de la quarte redoublée, alors il faudrait
que la basse descendît d'un ton entier, afin que cette dissonance fût suivie d'une quinte majeure, et non d'une quinte
mineure redoublée (*fig.* 185, *d*, *e*). La figure 185, *f*, fait
voir l'inconvénient de l'accompagnement de quarte redoublée, lorsque la basse descend d'un demi-ton (k''). Dans
les compositions libres, on peut toujours prendre pour ligature de la seconde, la quarte majeure ou mineure et la
sixte majeure ou mineure.

(87). Il est permis, en cas de besoin, de donner, dans
quelques mesures, deux notes à une partie de remplissage
[qui n'en a qu'une par mesure, dans le cours de la com-
position], dans le cas où la tenue sous la résolution produirait
un mauvais effet [comme on vient de le voir en traitant
de la septième].

Quand les syncopes de dissonance ne peuvent pas s'opérer,
on pratique des syncopes de consonance avec leur accompagnement en accords parfaits ou imparfaits. Souvent, pour
avoir un chant facile et agréable, on redouble la tierce ou
la sixte, quand elle n'est pas la note sensible du mode;

(j'') L'expression de l'auteur n'a pas ici toute l'exactitude désirable.
Dans la liaison de la basse, c'est la note de basse qui est appelée *seconde*;
or ce n'est point cette seconde que l'on redouble, mais la note supérieure, comme on le voit dans l'exemple.

(k'') Cet inconvénient disparaît en faisant monter une des deux quartes
en sixte, et faisant descendre l'autre en tierce (*fig.* 185, *g*). Dans la
facture moderne, cette dernière quarte pourrait rester immobile (*fig.* 185,*h*).

seulement il faut avoir attention, en redoublant la sixte [dans une des parties], de ne pas la résoudre [dans une autre] sur la quinte majeure, parce que le temps faible, qui ne doit porter que des accords consonnans, aurait un accord de quinte et sixte. Lorsque la sixte se résout sur une quinte mineure, cela est plus supportable, parce que la sixte avec la quinte mineure donne un accord moins dissonant que celui où la quinte est majeure.

L'exemple *a*, *fig.* 186, est mauvais à cause de la quinte majeure; l'exemple *b* est tolérable; l'exemple *c* appartient à la composition libre, parce qu'il n'y a que ce genre de composition dans lequel on prépare une dissonance par une autre [non soumise à préparation], et où l'on résolve par surprise [ou évitation de cadence] une dissonance sur une autre dissonance; c'est pourquoi le premier et le second exemple appartiennent également à ce genre de composition.

(88). Le contre-point doit commencer par un silence d'un temps; les autres parties doivent former l'accord parfait complet de la tonique, c'est-à-dire $\begin{smallmatrix}8\\5\\3\end{smallmatrix}$ ou $\begin{smallmatrix}8\\8\\3\end{smallmatrix}$ ou $\begin{smallmatrix}5\\5\\3\end{smallmatrix}$. L'accord final doit être $\begin{smallmatrix}8\\8\\3\end{smallmatrix}$, quand le plain-chant est dans une partie supérieure, et $\begin{smallmatrix}8\\5\\3\end{smallmatrix}$, quand il est dans la basse. L'avant-dernière mesure doit avoir, dans les parties supérieures, la quarte accompagnée de la quinte et de l'octave, et suivie de la tierce, lorsque la dominante fait la basse; mais quand le plain-chant est dans cette partie, elle doit avoir la septième accompagnée de la tierce mineure redoublée, ou de la tierce mineure et de la quinte, et suivie de la sixte.

Quand la basse ou le tenor fait le contre-point, c'est-à-dire les ligatures, l'avant-dernière mesure doit avoir l'accord de

$$\text{seconde et quinte } 5\ \frac{5 —}{2\ \ \ 3}\ \text{ou } 2\ \frac{5 —}{2\ \ \ 3}.$$

(89). On voit, *fig.* 187 et 188, deux exemples de cette espèce de contre-point. Le N. B. placé sur le *sol*, dans la dixième mesure du contre-alto du premier exemple, signifie que, dans la composition libre, il est permis, pour avoir partout des ligatures, d'employer au levé cette quarte, qui provient du second renversement de la septième de dominante, septième qui peut elle-même être frappée librement au levé, ainsi que la quinte mineure (*fig.* 189).

On permet encore, dans le contre-point libre, en tous les modes, l'accord de quarte et sixte, second dérivé de l'accord parfait (*fig.* 190, *a*), ainsi que l'accord de quarte et quinte (*fig.* 190, *b*), qui s'emploie dans la cinquième espèce, où tous les contre-points sont mêlés.

On trouve, *fig.* 191 et 192, deux exemples de la même espèce en mode mineur.

CHAPITRE XXII.

De la cinquième espèce du contre-point simple à quatre parties.

(90). CETTE espèce est celle du contre-point fleuri, dans laquelle on fait, sur un plain-chant, tantôt dans une partie et tantôt dans une autre, un chant élégant formé du mélange de toutes les espèces précédentes, depuis la première mesure jusqu'à la dernière exclusivement. On peut de temps en temps introduire dans ce chant deux notes de

la valeur d'un quart de temps. La partie qui fait ce chant
est celle du contre-point, les deux autres se forment de
notes égales à celles du plain-chant, dans la composition
sévère, mais non dans la composition libre.

La quatrième partie, tantôt fera l'octave, tantôt redou-
blera la tierce, ou la sixte, ou la quinte majeure, comme
dans les espèces précédentes ; les terminaisons sont comme
dans la quatrième, savoir, 4 3, 7 +6 et $\frac{5}{2} \overline{} \frac{}{3}$, en y ajoutant, si l'on veut, quelques variations dans le contre-point,
qui doit encore ici commencer par un silence ou repos de
la valeur d'un temps.

(91). On voit, *fig.* 193 et 194, deux exemples de cette
espèce de contre-point en mode majeur. La licence que
l'on voit dans le second de ces exemples, mesure troisième,
où le dessus marche chromatiquement, n'offense pas du
tout l'oreille, parce que pour donner de la grace à l'harmonie,
on est dans l'usage aujourd'hui d'entremêler le genre chromatique avec le genre diatonique. Cependant, il ne faut pas
employer beaucoup ces sortes de passages dans le contre-
point (*l''*). Les sujets de fugues chromatiques, que l'on
choisit à dessein dans ce genre, ne sont point compris dans
cette prohibition ; mais les traits chromatiques, que l'on

(*l''*) Les passages chromatiques ne peuvent être admis dans le contre-
point choral destiné à être exécuté par un grand nombre de voix à chaque
partie, et dans lesquelles il peut s'en trouver qui ne soient pas suffisamment exercées.

On remarquera qu'il y a à cet endroit une relation d'octave augmentée
entre la basse et le dessus ; cette relation, quoique mauvaise en général,
ne fait point ici un mauvais effet, parce que la modulation l'autorise ; ce
qui prouve que le mauvais effet des fausses relations ne vient le plus souvent
que du vice de la modulation.

trouve répétés , jusqu'au dégoût, dans les compositions modernes, font un très-mauvais effet, surtout dans les *allégro*.

La licence que nous examinons ici est bonne, parce que
la fausse relation qu'elle renferme ne fait pas une octave
diminuée, mais une octave augmentée, ce qui est plus supportable. Enfin, ce *fa* dièze est une note sensible qui rend
plus agréable à l'auditeur, et plus facile au chanteur, l'harmonie de *sol* majeur qui vient après.

Il faut bien faire attention, en faisant monter la partie
de basse, de ne point produire d'accord de quarte et sixte,
ou tout autre plus dissonant et plus difficile à résoudre.
L'accord de quarte et sixte est défendu en commençant,
soit en mode majeur, soit en mode mineur ; on le prépare
même, dans le contre-point libre, par des consonnances,
et on le résout sur des consonnances, quand la basse n'a pas
le mouvement oblique (*fig.* 195). Ces exemples conviennent
dans la composition libre; les N.B. que l'on voit indiquent
que dans la composition sévère on ne pratique pas ces
sortes de syncopes, parce que dans le second temps il n'y
aurait pas assez de mouvement (*m″*).

(92). [L'exemple 196 est un exemple défectueux, que
l'auteur place ici à dessein, pour que l'élève en découvre
les fautes (*n″*)].

(*m″*) L'auteur veut dire que l'on ne met point en syncopes deux parties à la fois, le principe de ce genre de composition étant de faire con-
traster, les dessins, pour rendre le mouvement plus sensible.

(*n″*) Voici les principales, selon les notes que l'auteur a placées sur
l'exemple même. — La première est l'accord de $\frac{6}{4}$ en commençant. — La
seconde est le chant baroque de la basse dans les deux premières mesures.
— La troisième est l'harmonie de $\frac{6}{4}$ dans la quatrième mesure, avec une

[On voit, *fig.* 197 *et* 198, deux exemples de l'espèce présente en mode mineur].

Lorsque l'élève se sera exercé à faire des contre-points à huit notes sur le plain-chant, je lui présenterai, pour finir cette matière, des contre-points où les espèces précédentes sont entremêlées.

L'exemple 199 offre le plain-chant au-dessus, un contre-point syncopé dans le contre-alto, un de quatre notes au tenor et un autre de deux notes à la basse.

Dans l'exemple 200, la basse fait quatre notes, le dessus deux, le contre-alto a le plain-chant, le tenor les syncopes.

Les exemples 201, 202, 203, 204 et 205 appartiennent aux cinq espèces de mesure à trois temps. Chacun de ces exemples ne présente qu'une position du sujet; c'est à l'élève de faire les autres. Lorsqu'il sera bien exercé dans les cinq espèces, et qu'il y aura acquis de la facilité et de la clarté, il devra entreprendre l'étude de l'imitation, où il est enfin affranchi du choral et où il peut traiter ses propres idées, d'après les règles de la composition sévère et de la composition libre, c'est-à-dire dans une manière mixte, en employant un chant libre et orné. Nous allons lui donner les règles et les modèles de ce genre de composition.

---

mauvaise marche des parties supérieures, qui contiennent en outre une fausse relation. — La quatrième est dans l'alto, qui, à la septième mesure, passe au-dessous de la basse et fait une harmonie de $\frac{6}{4}$. — La cinquième est l'accord de $\frac{7}{4}$ dans la huitième mesure, où la septième n'est ni préparée, ni résolue. — La sixième est l'harmonie de $\frac{6}{4}$ dans la onzième mesure, où la quarte est mal amenée, puisque la partie de second dessus qui la contient, marche en quarte avec la basse. — La septième est dans la terminaison, où le premier tenor marche en quinte avec le second, et où le dessus termine en tierce, au lieu de finir en octave.

V.

DE L'IMITATION ET DE LA FUGUE.

(93). [La fugue et l'imitation sont unies entr'elles par des liens fort étroits, celle-ci sert d'introduction à la première, puisque la fugue n'est, en sa plus grande partie, que l'art d'enchaîner des imitations. Nous traiterons en premier lieu de l'imitation.]

CHAPITRE XXIII.

De l'Imitation.

(94). L'imitation est un genre de musique dans lequel une ou plusieurs voix imitent successivement un trait de chant, tantôt d'un seul temps, tantôt de deux, de trois, ou d'une mesure entière, et même davantage. Elle peut se faire à tous les intervalles depuis l'unisson jusqu'à l'octave, et dans une partie, soit supérieure, soit inférieure [c'est-à-dire, soit au grave, soit à l'aigu]; ainsi elle peut se faire, à l'unisson, ou à la seconde, etc., etc., soit supérieure, soit inférieure.

(95). Comme on ne travaille plus ici sur un sujet de plain-chant (o″); les dissonances de seconde, de quarte, de septième et de neuvième peuvent, à raison du mouvement de l'autre

---

(o″) Les imitations et les contre-points artificiels de toutes espèces peuvent, aussi bien que le contre-point simple, se pratiquer sur un sujet de plain-chant, c'est-à-dire de notes égales, en un mot, sur un sujet quelconque; mais l'auteur n'a pas jugé à propos de les traiter *ex*

partie, ne plus se résoudre uniquement, savoir : dans le dessus, la neuvième sur l'octave, la septième sur la sixte ; la quarte à l'aigu sur la tierce, ou au grave sur la quinte ; la seconde au grave sur la tierce, ou à l'aigu sur l'unisson. Il faut remarquer que cette seconde à l'aigu est une neuvième, et serait mal chiffrée par 2, surtout dans les morceaux à trois et à un plus grand nombre de parties : ainsi les chiffres que l'on voit sur la basse, *fig.* 206, *c*, *d*, au lieu de ceux qui sont sur le dessus, sont défectueux : on tolère ceux de l'exemple *e* à deux parties (*p″*).

Je reviens ici sur cet objet dont j'ai traité en parlant des dissonances, et que j'ai marqué d'un N. B., en parlant de la partie supérieure dans la quatrième espèce de la composition à deux voix, afin que les compositeurs ne prennent pas l'habitude de mal chiffrer, et qu'ils remarquent bien que dans les morceaux à trois ou un plus grand nombre de parties, lorsque la voix supérieure fait la liaison, on ne doit point chiffrer 2 ; mais seulement quand le retard est dans la basse,

---

professo. On verra cependant ci-après quelques exemples qui s'y rapportent : les lecteurs qui desireraient en voir un plus grand nombre, peuvent consulter l'ouvrage de Cerone : *El melopeo y maestro etc.*, liv. X ; la troisième partie des *Istituzioni armoniche*, de Zarlin ; les *Documenti armonici*, et autres œuvres de Berardi. On peut voir aussi le livre III des Principes de Composition des écoles d'Italie, ou le Traité de la Fugue et du Contre-Point, de Marpurg, liv. II de l'édition que j'ai donnée. Il faut, du reste, observer que ces études ne sont nécessaires qu'à ceux qui veulent travailler pour l'église, dans la manière la plus sévère ; l'enseignement de l'auteur est plus que suffisant pour l'usage ordinaire.

(*p″*) La neuvième ne se pratique point à cette distance ; ainsi ce chiffrage ne vaut pas mieux que le précédent. Le chiffre 2 indique toujours la liaison de la basse. Au reste, ces observations, purement élémentaires, sont ici hors de saison.

et que cette partie; en descendant d'une seconde majeure ou mineure, fait sa résolution sur la tierce majeure ou mineure [ou sur toute autre consonnance, à raison du mouvement de l'autre partie] : la neuvième n'est en apparence qu'une seconde relevée d'une octave; mais elle diffère entièrement de cette dissonance, quant à l'accompagnement et quant à la résolution.

Ainsi, dans une composition sévère aussi bien que dans la fugue, les dissonances dont nous parlons peuvent se résoudre en d'autres consonnances que celles que nous leur avons précédemment assignées, lorsque l'autre partie fait un saut au lieu d'attendre la résolution par un mouvement oblique (*fig.* 207).

(96). Dans l'imitation, on n'est pas obligé d'observer si exactement les lois relatives au mode, aux intervalles, aux tons et demi-tons que dans les fugues et les canons. Il suffit aussi que dans un morceau à trois et un plus grand nombre de parties, deux voix seulement marchent en imitation, les autres ne servant qu'à remplir les accords; cependant si l'on voulait faire toutes les parties en imitation, comme l'a très-bien su faire M. Caldara (*q″*) dans toute sa composition de chapelle et dans ses madrigaux, cela serait encore plus beau et plus piquant.

Nous plaçons ici plusieurs exemples de divers genres d'imitation.

On voit (*fig.* 208) une composition à deux voix en imi-

(*q″*) L'auteur cite ici Caldara, parce que ce compositeur ayant été maître de chapelle de la cour de Vienne, l'auteur avait continuellement sous les yeux, comme organiste de la même cour, les compositions de ce maître ; mais il y en a un grand nombre d'autres qui l'ont encore surpassé, tant pour le génie que pour le savoir; tels sont Lotti, Bened. Marcello, Clari, Durante, Steffani et autres, qu'il est inutile de rappeler ici.

tation à l'unisson, où chacune des deux parties fait alternativement la proposition ou la réponse (*r″*).

[L'exemple 209 contient des imitations à la seconde supérieure ; l'exemple 210 en contient à la tierce supérieure ; l'exemple 211 à la quarte ; l'exemple 212 à la quinte inférieure ; l'exemple 213 à la sixte supérieure ; l'exemple 214 à la septième supérieure ; l'exemple 215 à la septième inférieure. Ce dernier exemple est mis à trois parties (*fig.* 216) par l'adjonction d'une partie intermédiaire à la tierce au-dessus de celle qui fait la septième inférieure].

L'exemple 217 offre l'imitation à l'octave inférieure. On voit, *fig.* 218 et 219, deux exemples de Caldara ; dans le premier, le tenor imite la basse à la quinte supérieure, le contre-alto à l'octave, et le dessus imite ce dernier à la quinte supérieure. Dans le second, le contre-alto imite la basse en octave, le tenor et le dessus sont respectivement à la quarte de chacune de ces deux parties au signe N. B. ; sur ce second exemple, l'imitation est encore plus resserrée, puisqu'elle est au demi-temps (*s″*).

(*r″*) On appelle *proposition, thème,* ou *sujet d'imitation,* un trait de chant prononcé par une partie et destiné à être imité par une autre ; la réponse est le trait de chant qui imite le premier. La longueur du sujet peut varier considérablement, depuis une demi-mesure et moins encore, jusqu'à sept ou huit mesures, et même au-delà.

(*s″*) L'auteur ne donne aucune méthode pour faire une composition en imitation ; rien n'est plus simple que le procédé que l'on suit à cet égard. Après avoir imaginé le sujet d'imitation, on le place dans l'une quelconque des parties, celle à laquelle on juge qu'il convient le mieux, à raison des cordes du diapazon qu'il occupe. Ce sujet étant écrit et achevé dans la première partie, on l'écrit à la suite dans une autre partie, en le plaçant, soit à l'unisson, soit à la seconde, soit à la tierce ou tout autre intervalle, en dessus ou en dessous, selon le genre d'imitation que l'on se propose de faire, et l'on place dans l'autre partie un contre-point qui

CHAPITRE XXIV.

De la Fugue.

(97). LA fugue est le genre de musique le plus nécessaire à l'église. Elle prend son nom du mot latin *fuga*, fuite, parce qu'une partie semble fuir devant l'autre ; et cela vient de ce que la partie qui fait la réponse est presque toujours obligée d'imiter exactement soit à la quarte, soit à la quinte, soit à l'octave inférieure ou supérieure, les intervalles du thême ou sujet.

Lorsque l'on fait commencer les deux parties en même temps, on donne le nom de contre-thême ou contre-sujet au contre-point que l'on place dans la partie opposée à celle qui fait le sujet, et ce que l'on ajoute au-delà du sujet et du contre-sujet, dans les fugues à plus de deux parties, se nomme *remplissage d'harmonie* ou *partie de remplissage* (t″).

(98). Lorsque le contre-sujet passe dans toutes les parties

s'accorde avec le sujet ainsi transféré. Ainsi dans la figure 208, l'auteur, après avoir imaginé le sujet qu'on voit dans la partie de dessus, et l'avoir écrit dans cette partie, l'a transporté dans l'autre partie et a composé dans la première le contre-point que l'on voit au-dessus. Cette première opération terminée, on en recommence une suite de semblables, de manière à ce que le tout forme un chant bien lié et bien enchaîné dans chacune des deux parties. Il n'est pas nécessaire que ce soit toujours la même partie qui propose.

L'opération est la même à trois, à quatre et à un plus grand nombre de parties.

(t″) Quelquefois ces parties ajoutées font elles-mêmes de nouveaux contre-sujets qui sont soumis aux lois de l'imitation et du renversement, comme on le verra par la suite.

sans être altéré, on peut l'appeler *second sujet*, et alors on
a ce que l'on appelle une *double fugue*; mais lorsque ce
contre-thême est altéré, la fugue est simple [ne conservant
qu'un seul sujet invariable].

Comme, dans une fugue simple, il n'est pas agréable d'entendre toujours le thême, quoiqu'accompagné de diverses
manières, il faut, dans le développement de la fugue, introduire de temps en temps quelque pensée qui ne soit pas
trop disparate avec le sujet ou contre-sujet. Cette pensée
accessoire se nomme *épisode* (*u″*); son objet est d'embellir et d'étendre la fugue. Les meilleurs épisodes, dans les
fugues d'église, sont ceux qui s'obtiennent par le démem-
brement du sujet, du contre-sujet, ou même d'une des parties accessoires qui chante bien et qui ait un contre-point en
imitation; mais lorsque les épisodes consistent en quelques
idées légères ou gracieuses, qui comportent le piano, ou bien
en roulades ou en triolets, enfin en quelques idées du genre
de théâtre ou de la chambre, alors la fugue est ce que l'on
nomme *fugue libre* (*v″*).

(99). Cela posé, pour faire une bonne fugue dans le style
sévère aussi bien que dans le style libre, on écrit dans l'une
des voix que l'on peut choisir à volonté, une pensée
mâle, dégagée de tous ornemens et de toute broderie, et
qui se prête à la strette, (*x″*). Cette strette néanmoins ne

---

(*u″*) *Zwischensatz*, littéralement *intermède*.

(*v″*) Littéralement *fugue galante*, *galanterie-fuge*. Les Allemands
appellent *style galant* ce que nous nommons *style libre*, ou *style
idéal*.

(*x″*) Ce resserrement se nomme en allemand, *Enge* (pron. *ennegué*);
en latin, *restrictio*; en italien, *ristretto* ou *stretta*. Ce dernier mot est
devenu presque français, et l'on dit faire la *stretta* ou la *strette*.

Le traducteur d'Azopardi, ne trouvant pas pour le mot *stretta* d'anas'emploie ordinairement que vers la fin de la fugue dont elle fait l'un des principaux ornemens. Il y a même des thêmes qui sont susceptibles de se travailler avec tant d'art, que, dans la strette, on peut les traiter de plusieurs manières, c'est-à-dire, à la distance d'un, deux, trois temps, d'une mesure entière de cinq ou six temps, quelquefois même de deux mesures (y''). Dans tous les cas, on réserve la strette ou le resserrement le plus beau et le plus étroit pour le placer à la fin, après avoir fait préalablement une cadence finale parfaite ou imparfaite à la quinte [si le mode principal est majeur], ou à la tierce supérieure [si ce mode est mineur].

(100). Quand le thême commence sur la tonique et finit sur cette note, sur sa tierce ou sa seconde, la réponse consiste à écrire ce thême au moment où il finit, quelquefois même avant qu'il ne finisse, une quinte plus haut ou une quarte plus bas dans une autre partie, en laissant en avant le nombre de pauses convenable. Mais lorsque le thême s'étend jusqu'à la dominante, la réponse doit passer de la dominante à la tonique *et vice versâ.* Enfin, si le thême commence et finit sur la dominante, il faut que la réponse commence et finisse sur la tonique (*fig.* 220, *a*, *a'*; *b*, *b'*; *c*, *c'*).

---

logue en français, en a conclu, avec trop de précipitation, que la chose n'était pas aussi nécessaire que l'assurait son auteur.

(y'') On ne peut bien entendre ce passage, si l'on ne sait ce que c'est que la strette. La strette consiste dans l'union en une même harmonie, du sujet et de la réponse. Dans le cours de la fugue, on attend, pour faire la réponse, que la proposition soit achevée; mais dans la strette on fait entrer la réponse avant la terminaison du sujet, sans rien déranger, ou en ne dérangeant que le moins possible à l'un ou à l'autre. On conçoit qu'il peut y avoir des sujets qui se prêtent plus ou moins à ce renversement, et en un plus ou moins grand nombre de manières.

Souvent

Souvent, et surtout quand la tonique et la dominante se trouvent l'une près de l'autre dès le commencement du sujet, on est obligé de changer, dans la réponse, la marche et les intervalles de cette réponse. Pour mieux entendre ceci et être capable de le faire au besoin, il faut savoir que dans plusieurs thèmes on est obligé de changer dans la réponse une seconde en tierce, et réciproquement (*fig.* 221, *a*, *a'*, *b*, *b'*), de répondre à une seconde ascendante ou descendante par l'unisson (même *fig.*, *c*, *c'*, *d*, *d'*); à une tierce par une quarte (*e*, *e'*, *f*, *f'*), à une quarte par une quinte (*h*, *h'*); à une quinte par une sixte ou par une quarte, (*i*, *i'*, *j*, *j'*); à une sixte par une septième (*k*, *k'*, *k''*, *l*, *l'*, *l''*, *l'''*); enfin à une septième par l'octave (*m*, *m'*, *n*, *n'*). Toutes ces opérations se font pour éviter de tomber, dès le commencement de la réponse, dans un mode trop éloigné du mode principal : elles sont fondées sur cette règle très-ancienne, que pour avoir une réponse juste, la tonique doit se changer en dominante et la dominante en tonique (*z''*).

(*z''*) Dans la facture moderne, on distingue, quant aux rapports qui existent entre le sujet et la réponse, deux sortes de fugues, la *fugue réelle*, ou *fugue d'imitation*, et la *fugue tonale*. La fugue d'imitation, qui est la plus ancienne, consiste à transporter le sujet à la quinte au-dessus, ou à la quarte au-dessous, s'il est dans la région de la tonique, et à la quarte au-dessus, ou à la quinte au-dessous, s'il est dans la région de la dominante. Mais en suivant cette méthode, on peut quelquefois être entraîné dans un mode fort éloigné : par exemple, si le sujet va de la tonique à la dominante, et qu'il fasse cadence sur cette dominante, il est clair que la réponse ira, de la dominante, former cadence à la deuxième de l'échelle, qui deviendra tonique, genre de modulation étranger à la fugue. Cette considération a porté les anciens compositeurs à chercher s'il n'était pas possible de faire à la réponse quelques modifications, à l'aide desquelles on pût éviter cet inconvénient. Ces recherches ont donné naissance à la *fugue tonale*, espèce de fugue où la réponse se fait de manière à ne point moduler hors des modes analogues au mode principal. La règle

7

(101). Quand la seconde voix commence en proposant le sujet,
la première fait un contre-sujet, non en notes de même valeur
selon la première espèce, mais en notes de valeur différente
selon les règles de la cinquième espèce. Dans les fugues à deux
voix, après une courte modulation ou imitation, on amène une
demi-cadence avec 7 +6 ou 2 3 à la dominante ou cinquième
du mode principal. Pendant la dernière mesure de cette cadence, l'une des deux parties fait un trait de mélodie libre de
deux, trois ou quatre temps ; alors l'autre partie entre avec
le thème, plus haut ou plus bas, selon le diapazon de la voix
ou de l'instrument, dans le mode de la dominante, ou dans
le mode principal lui-même : bref, la première partie prend
le sujet qu'avait d'abord proposé la seconde, sur le même
ton ou à l'octave, et la seconde fait la réponse que la première avait d'abord faite, sans attendre, s'il est possible, que
le thème soit achevé entièrement, ce que les compositeurs
nomment une *demi-strette*. Lorsque le thème, [le sujet et sa
réponse] ont été ainsi entendus deux fois, on fait encore une
courte et libre imitation, qui termine, par une demi-cadence,
à la troisième de l'échelle, et sur laquelle la voix peut se
reposer ou ne pas se reposer ; alors on fait la strette en commençant par la voix qui s'y prêtera le mieux, et par le sujet
ou par la réponse. Dans les fugues vocales, on donne ordi-

fondamentale qu'ils ont établie est celle que vient de donner l'auteur,
de répondre à la tonique par la dominante, et réciproquement ; celle des
opérations de détail est, en se conformant à cette règle principale, de dé-
naturer le moins possible le chant du sujet, dont les formes très-variées
présentent quelquefois des cas assez difficiles. Les exemples que donne l'auteur, pourront guider le lecteur dans le plus grand nombre de circonstances ; on trouvera de plus amples développemens dans le Traité de la
Fugue et du Contre-Point, par Marpurg, livre III de l'édition que j'ai
publiée, ou dans les Principes de Composition des écoles d'Italie, liv. IV.

naïrement à chaque voix le chant de sa première entrée, mais comme on l'a dit, en resserrant davantage les parties. Après ces deux thêmes, on fait encore une courte imitation et l'on finit la fugue dans le mode principal avec 7 6 en haut ou 2 $\frac{6}{3}$ en bas, à la manière de la quatrième ou de la cinquième espèce (a''').

(a''') L'exposition que nous venons de faire du procédé de composition de la fugue, est la traduction littérale de ce qu'enseigne à ce sujet notre auteur. Si quelques-uns de nos lecteurs éprouvaient quelque difficulté à la comprendre, nous essaierions de leur présenter le même sujet en d'autres termes, qui peut être leur paroîtront plus clairs et plus faciles à saisir.

Lorsque l'on veut faire une fugue, il faut commencer par imaginer un sujet d'un certain nombre de mesures. Dans le style *a capella*, dont il s'agit ici, il doit avoir de quatre à six mesures. Ce sujet étant arrêté, on l'écrit dans une des parties, dans le contre-alto, par exemple, et cette première opération faite, on fait la réponse, que l'on place à la suite, dans le dessus. Sous cette réponse, on écrit dans le contre-alto, un contre-point fleuri, qui se lie avec le sujet et s'étend jusqu'à la fin de la réponse. Il faut alors introduire un épisode. Pour cet effet, au moment où la réponse est achevée, on fait une terminaison féminine dans l'une des deux parties (pendant que l'autre continue), et après cette terminaison, qui doit être suivie d'un repos de demi-mesure ou d'un quart de mesure, la partie qui a fait la pause, propose un sujet d'imitation tiré du corps du sujet, et ayant deux mesures d'étendue ; l'autre partie doit à son tour faire pause, une mesure après celle qui a proposé l'imitation, de manière à répondre à cette imitation, deux mesures après qu'elle a été proposée. Les deux parties continuent ainsi ensemble pendant quelques mesures, pour amener le renversement de la fugue. Ce renversement consiste à placer le sujet dans la partie qui a fait en premier lieu la réponse, et la réponse dans la partie qui a fait en premier lieu le sujet. On fait donc encore une pause dans une des parties, dans le dessus, par exemple, qui en premier lieu avait fait la réponse ; et cette pause faite, on y place le sujet, sous lequel le contre-alto continue de faire un contre-point qui peut être entremêlé de quelques petits repos pour la respiration. Ce contre-point doit se terminer sous l'avant-dernière mesure du sujet, afin de faire partir la réponse dans le contre-alto dès la dernière mesure du sujet. Sur toute cette réponse, le

7..

(102). La figure 222 présente l'exemple d'une fugue que nous allons analyser.

Les quatre premières mesures contiennent le sujet qui est placé au contre-alto. Ce sujet commence par la tonique et finit par cette même note dans la quatrième mesure : dans cette même mesure, le dessus commence à la quinte supérieure la réponse, qui se termine sur la première note de la septième mesure. Sous cette réponse, le contre-alto fait un

---

dessus fait à son tour un contre-point fleuri, et le renversement ainsi terminé, on fait un nouvel épisode en imitation, qui amène la cadence ou point d'orgue à la troisième ou à la dominante du mode principal. Il s'agit alors de faire la strette ; or la strette n'est autre chose que le raccourci de la fugue ; on y fait les mêmes opérations que dans le corps de la fugue, mais d'une manière beaucoup plus resserrée. Ainsi, l'une des parties ayant proposé le sujet, on n'attend pas, pour y répondre, qu'il soit achevé, mais on place, s'il est possible, la réponse dès la seconde mesure. On resserre encore davantage, s'il se peut, le renversement de la strette : les épisodes de cette partie doivent aussi être plus serrés ; les imitations s'y font à une mesure, au lieu de se faire à deux mesures de distance. Celui qui suit le renversement de la strette doit faire une espèce de coda, c'est-à-dire une suite d'imitations modulées formant une sorte de canon qui amène la cadence finale.

Dans le renversement de la fugue et de la strette, on peut prendre la réponse pour thème et faire répondre par le sujet, c'est-à-dire commencer par la réponse et faire suivre le sujet : cela est indifférent ; ce qui importe, c'est que la réponse et le sujet changent de partie. De même, dans la strette, on peut, en commençant, placer le sujet dans la partie qui a répondu au commencement de la fugue ; mais alors cette partie fera la réponse dans le renversement de la strette. Dans tous les cas, il convient que la strette commence par le sujet ; cette disposition est d'ailleurs commandée par la modulation.

Telle est la description la plus exacte, et je crois la plus claire, que l'on puisse faire de la marche ordinaire de la fugue simple à deux parties : les exemples que l'on trouvera ci-joint achèveront d'éclaircir cette matière. Il faut remarquer néanmoins que la forme enseignée dans cette note développe plus la fugue que ne le fait celle qu'indique l'auteur.

contre-sujet ou contre-point de la cinquième espèce, qui
commence en *la*, dans le second temps de la quatrième mesure.
Au frappé de la septième mesure, sur la note *mi*, le contre-
alto propose un sujet d'imitation, auquel le dessus répond dès
le levé de la même mesure, à la tierce supérieure. Dans la
onzième et la douzième mesure, on a une première terminaison à la dominante. Le contre-alto ayant fait seul une courte
modulation qui se lie bien à cette première cadence, le dessus, qui en premier lieu avait fait la réponse, prend le thème
à la quatorzième mesure dans le mode principal, à la
quinte au-dessous de la réponse; on pourrait également le
prendre une octave plus haut, si la voix qui doit l'exécuter,
s'arrangeait de cette position. Quoi qu'il en soit, dans la
seizième mesure, le contre-alto [qui en premier lieu avait
proposé le sujet], fait ici la réponse, mais d'une manière
moins serrée que celle de l'imitation précédente. [Le renversement de la fugue ainsi opéré], les deux voix modulent
par une petite imitation, depuis la 19e jusqu'à la 24e mesure inclusivement, où elles font une cadence à la troisième
note de l'échelle sur laquelle elles peuvent se reposer toutes
les deux.

A la vingt-cinquième mesure commence la strette. Le
contre-alto entre par le sujet sur la tonique, disposition qui
a été adoptée ici comme la plus commode : dès la vingt-
sixième mesure, le dessus répond à la quinte supérieure.
Quelquefois on peut, et cela est même souvent nécessaire,
quelquefois, dis-je, on peut commencer par la dominante,
c'est-à-dire par la réponse, et faire répondre par la tonique,
c'est-à-dire par le sujet. La strette ainsi faite, on a pratiqué
depuis la vingt-huitième jusqu'à la dernière mesure, trois
imitations différentes, qui n'étaient pas toutes nécessaires,
mais qui servent ici à embellir et prolonger la fugue.

Les N. B. placés sur la 33ᵉ et la 37ᵉ mesure, annoncent que dans la composition sévère, aussi bien que dans la composition libre, on peut prendre par saut la septième de passage. On défend dans la fugue à deux voix, la cadence de basse où la partie inférieure fait un saut de quinte en descendant, ou de quarte en montant, et où l'avant-dernière note de la partie supérieure fait une quarte liée et résolue sur la basse.

Ex. $\begin{smallmatrix} 4 & 3 \\ sol & \end{smallmatrix} \Big| \begin{smallmatrix} 8 \\ ut \end{smallmatrix} \Big\| \begin{smallmatrix} \cdot \\ \cdot \end{smallmatrix}$

(103). On voit, *fig.* 223, une autre fugue en *ré* mineur, dont le lecteur fera facilement l'analyse. Cette fugue et la précédente sont faites dans l'ancien genre diatonique, c'est pourquoi, dans l'une comme dans l'autre, il n'y a pas à la clef de bémol sur le *si* [selon l'usage des anciens]; c'est par la même raison que dans beaucoup de compositions anciennes on ne voit qu'un bémol à la clef pour le mode mineur de *sol*, qu'un pour celui d'*ut*, etc.; de même que l'on trouve le mode majeur de *sol* sans *fa* dièze; telle était la méthode de la composition des six modes authentiques comme on peut le voir dans l'ouvrage de Fux, chap. des modes (*b'''*).

(104). On voit, *fig.* 224, une autre fugue diatonique appartenante au mode phrygien, que nous plaçons ici en l'honneur de nos bons ancêtres. Quelques compositeurs nomment ce mode *A* ou *la plagal:* d'autres *E* ou *mi plagal:* la première dénomination est plus exacte, la seconde est plus usitée en Allemagne.

Le premier N. B. placé sur cette fugue, annonce que dans ce mode, la première cadence doit se faire à la sixte supérieure

---

(*b'''*) Les anciens n'employant généralement que les modes primitifs, ou tout au plus les premiers modes transposés, n'étaient pas dans l'usage d'armer la clef comme le font les modernes; ils marquaient les dièzes et les bémols, comme accidentels, chaque fois qu'ils se présentaient.

[qui, comme on l'a vu précédemment (art. 9), est la dominante du mode]. Le second N. B. fait remarquer qu'après la première cadence le dessus commence en *mi* dans le temps faible de la mesure. Cela se fait par deux raisons : la première est que c'est un des principaux ornemens de la fugue, d'employer le thème à contre-mesure; la seconde est qu'au moyen de cette variation, le thème peut entrer plus promptement dans une strette.

Le troisième N. B. fait remarquer que le contre-alto reprend le renversement du sujet une seconde plus bas sur *la* au lieu de *si*, ce qui se peut [par forme de modulation] dans le cours d'une fugue. Le quatrième N. B. annonce que la dernière note du thème est également abaissée d'une seconde, ce qui est permis dans le cours de la strette [par l'altération des dernières mesures du sujet, pour faciliter la strette]. Dans les fugues à grand nombre de parties, plusieurs d'entr'elles peuvent éprouver de pareilles altérations, pourvu que celle qui entre la dernière contienne le thème entier [ou la réponse], comme il était en premier lieu. Le dernier N. B. fait remarquer la cadence prolongée, qui fait bon effet dans ce mode destiné à l'expression des sentimens de piété et de tristesse.

(105). On doit remarquer encore que ces trois fugues ont été faites pour des parties de chant, quoiqu'elles n'aient point de paroles (*c'''*). Dans les fugues pour les violons et instrumens à vent, on a un champ plus vaste, c'est-à-dire, que l'on n'est pas obligé de se tenir renfermé dans l'étendue

---

(*c'''*) Cette sorte de musique, composée pour les voix sans paroles, s'exécute en vocalisant sur *a*; c'est par cette raison que l'on y défend la répétition d'une note brève sur le même degré, comme formant un hiatus très-dur et très-difficile à chanter.

de la portée ; et que l'on peut faire des sauts plus grands que l'octave , ce qui est défendu pour les voix.

Enfin on observe toujours de placer une pause, ou du moins un saut à chaque partie qui reprend le sujet dans le cours de sa mélodie [pour rendre la rentrée plus sensible], quoique l'on voie néanmoins beaucoup d'exemples de rentrée par degrés [et sans repos préliminaire].

CHAPITRE XXV.

Des fugues à trois et à un plus grand nombre de parties.

(106). DANS les fugues à deux, à trois ou à un plus grand nombre de parties, le thême étant une fois fini, il n'est pas permis [le thême finissant, par exemple , sur la tonique] d'ajouter à la partie qui l'a proposé , un trait de liaison pour conduire à la dominante [où doit, par hypothèse, commencer la réponse]. Dans la même supposition , il n'est point permis d'ajouter à la partie qui fait la réponse une liaison qui ramène de la dominante sur la tonique (*fig.* 225, *a*). On doit commencer la réponse sur la dernière note du thême : si cela n'est pas possible, on laisse cette première note sans harmonie, et l'on commence la réponse tout de suite après (*d'''*). Avant l'entrée de la troisième voix, on fait ordinairement une cadence d'*inganno*, comme on peut le voir *fig.* 225, *b*,

---

(*d'''*) La raison de cette règle est, qu'une liaison ou *coda* de ce genre fait perdre de vue le sujet principal et rend moins sensible le contraste qui doit exister entre le sujet et la réponse. Néanmoins cette prohibition ne paraît pas de rigueur absolue ; de fort bons maîtres prescrivent au contraire cette liaison , que défend ici notre auteur.

sous le signe N. B., où j'ai mis dans le contre-alto, un *fa* naturel au lieu du *fa* dièze.

(107). Les cadences parfaites $\frac{5}{4}\ \overline{3}$ ne s'emploient dans la fugue à trois et à un plus grand nombre de voix, que dans la strette et à la fin de la fugue. Les cadences d'*inganno* [par surprise] sont très-usitées ici; elles sont très-belles et très-ingénieuses. Il est également très-utile de savoir faire entrer le thème sous une dissonance ou sous une note changée. Voyez, *fig.* 226, *a,* une cadence parfaite, *fig.* 226, *a', a''*, etc., diverses cadences par surprise. On voit, *fig.* 226, *b, b'*; *c, c'*, comment on peut faire entrer le thème sous une dissonance.

Outre les *notes changées*, dont nous avons parlé en traitant de la troisième espèce de la composition à deux voix (art. 45), il y en a encore beaucoup d'autres qui ne sont pas employées aux parties faibles, mais aux parties fortes, et même au frappé de la mesure. Ces notes peuvent être consonnantes ou dissonantes; mais en tout cas, dans la fugue aussi bien que dans les autres morceaux, elles doivent se faire par degrés, soit en montant, soit en descendant. De cette manière elles peuvent être les premières dans une partie forte, et mieux encore dans une partie faible de la mesure, et par conséquent en être les premiers ou troisièmes membres (*fig.* 227, *a, a'*; *b, b'*; *c, c'*).

(108). Lorsque, dans un mouvement vif, une partie supérieure de la composition renferme de ces notes changées, il est inutile de les chiffrer; mais cela devient nécessaire dans un mouvement lent: cette précaution est encore plus nécessaire quand les notes sont dans la basse. On suit pour cela deux méthodes qui reviennent au même, la première est de mettre les chiffres sur toutes les notes, la seconde [que nous préférons] est de ne placer les chiffres que sur les notes de basse auxquelles appartient l'harmonie, et de placer une barre oblique sur la note changée (*fig.* 228, *a*, *b*, *c*, *d*).

Toutes les notes changées de cet exemple et des précédens s'appelaient autrefois notes de passage irrégulier (*transitus irregularis*). Les notes placées à la partie faible de la mesure, étaient les notes de passage régulier (*transitus regularis*); on leur donnait une barre horizontale que l'on supprime le plus souvent; ces notes sont marquées d'un astérisque dans la *fig.* 229.

La barre oblique qui sert pour les notes changées du dessus, se place encore pour indiquer une anticipation des parties supérieures (*fig.* 230, *a*). La barre horizontale peut servir à indiquer les anticipations de la basse (*fig.* 230, *b*).

En général le compositeur ne doit chiffrer que les accords qui sont hors des règles ordinaires de l'échelle, c'est-à-dire, hors de la règle de l'octave et des mouvemens de la basse et que l'accompagnateur ne pourrait pas deviner; tels sont les *inganni* ou surprises, les dissonances par prolongation, la résolution de ces dissonances, soit naturelles, soit par surprise. Celui qui voudra prendre connaissance des bons principes du chiffrage, devra lire l'ouvrage de Ch. Ph. Emm. Bach, sur la véritable manière de toucher le clavecin, 2ᵉ partie, p. 11 (*e'''*).

(109). Pour enrichir et développer la fugue, on emploie plusieurs moyens dont les principaux sont, l'augmentation, la diminution, l'abréviation, la syncopation et le rapproche-

---

(*e'''*) *Versuch über die wahre Art das Clavier zu spielen.* Je prendrai aussi la liberté d'indiquer la méthode d'accompagnement que je vais publier à la suite de cet ouvrage.

ment, qui cependant peuvent rarement s'employer tous dans une même fugue.

(α). L'augmentation, *augmentatio* [autrement appelée accroissement, *incrementum*, ou aggravation, *aggravatio*] consiste à faire reparaître dans le cours de la fugue, le sujet en notes de plus grande valeur qu'au commencement. L'artifice est encore plus remarquable, si quelques mesures ou quelques temps plus tard, on emploie le sujet en nature, sous le sujet ainsi aggravé, (*fig.* 231). On voit en *a* le thème de la fugue : en *a'*, on voit le sujet au naturel en dessus, et augmenté dans la seconde partie ; enfin en *a"*, ce sujet entre sous la forme inverse, comme troisième partie.

(β) La diminution, *diminutio* [autrement appelée décroissement, *decrementum*, est le contraire de l'accroissement, et] consiste à faire reparaître dans le cours de la fugue, dans le ton principal ou l'un des relatifs, le sujet en notes de moindre valeur qu'il n'avait au commencement, (*fig.* 232, *a*, *a'*).

(γ) L'abréviation consiste à répéter le thème deux, trois ou quatre fois au plus, en montant ou descendant d'une seconde ou d'une tierce ou en montant d'une quarte, mais non en descendant, [autrement ce serait une réponse.] (*fig.* 233), on voit en *a* le sujet dans la basse ; en *a'* les premières sont reprises à l'octave dans le dessus ; *fig.* 234, on voit en *a* le sujet qui est dans le dessus, et qui en *a'* est repris à la tierce au-dessous.

Quand le sujet est court et qu'il ne consiste qu'en un seul membre de phrase, on peut le répéter en entier, en montant et en descendant (*fig.* 235).

(δ) La syncopation a lieu quand le thème est repris un temps ou un demi-temps plus tard [ou plutôt] qu'au commencement ; [c'est ce qu'on appelle aussi *contre-temps*], *fig.* 236.

(ε) Le rapprochement, ou resserrement dont il y a plusieurs sortes, a lieu lorsque deux parties font entendre, à peu de distance l'une de l'autre, le sujet et le contre-sujet, ou bien un épisode. Pour pratiquer cette espèce d'ornement, il faut bien observer le trait sur lequel on veut le pratiquer, car tous les traits ne s'y prêtent pas également. On voit, *fig.* 237, un thème rapproché successivement de trois manières différentes : dans la première manière (*fig.* 237, *a*), qui peut servir au milieu d'une fugue, le rapprochement est à la distance de deux mesures : dans la seconde, qui convient dans la strette (*fig.* 237, *b*), il n'est écarté que d'une mesure : dans la troisième, qui convient partout (*fig.* 237, *c*), il est à la distance d'une demi-mesure seulement ; c'est pourquoi il y a en même temps syncopation.

(ζ) Il y a encore une autre manière de figurer le chant de la fugue, c'est de couper par des pauses les notes du thème (*fig.* 238). Cette manière n'est ni si mâle ni si belle que les précédentes : on pourrait l'appeler interruption [ou aspiration].

(110). Dans chaque mode majeur, on trouve, comme on l'a déjà dit, les six modes les plus proches avec leurs tierces naturelles en montant diatoniquement, et dans le mode mineur on les trouve en descendant, (art. 11). Des six modes conjugués, il y en a toujours trois majeurs et trois mineurs (*fig.* 239, *a*).

Dans le mode majeur, celui de la septième corde, et dans le mode mineur, celui de la deuxième sont exclus de cette catégorie. En plaçant le sujet ou la réponse, tantôt dans une partie, tantôt dans une autre, dans les divers modes, et en faisant la même chose pour les épisodes, il est facile de donner à une fugue à trois ou quatre parties, jusqu'à 60 ou 70 mesures d'étendue. On ne doit pas s'astreindre à faire les réponses de sujet ou d'épisode à la quinte, soit dans une même partie, soit dans une autre, selon l'usage des anciens (f'''). De nos jours, ces imitations, quand elles sont répétées plus de trois fois (*fig.* 239, *b*), sont regardées comme aussi vicieuses que les liaisons d'un mode à l'autre, que nous avons précédemment proscrites (art. 106).

(111). Dans une fugue de 90, de 100 mesures, et même au-delà, on peut sans difficulté faire passer, dans des modes plus éloignés que ceux que nous venons d'indiquer, le sujet, la réponse, quelques-unes de leurs subdivisions, ou bien quelqu'imitation particulière. Cependant on ne doit pas passer légérement d'un mode principal appartenant à la série des quintes ascendantes, dans un autre appartenant à celle des quintes descendantes, et réciproquement [c'est-à-dire dans un mode trop éloigné], autrement on ferait oublier le mode principal. Ce serait mal vu, par exemple, de passer du mode mineur de *ré* à celui de *fa*; c'est une modulation suffisamment hardie, que de passer du mode mineur de *mi* au mode mineur d'*ut*✻, ou au mode majeur de *mi* lui-même; on revient ensuite, de ce mode, aux modes analogues du principal, par des imitations.

Quelques organistes, qui ne connaissent pas la composition, regardent comme une beauté, de parcourir, par ordre de quinte ou de quarte, les vingt-quatre modes. Il y a,

(f''') Les imitations à la quinte ou à la quarte sont les meilleures, parce qu'elles reproduisent les tons et demi-tons dans le même ordre. Dans une fugue à plusieurs parties, l'ordre naturel indique l'imitation à la quinte ou à la quarte, de là à l'octave, et ainsi de suite; cependant on peut, surtout lorsqu'il en résulte une belle modulation, faire la réponse à un autre intervalle. Une répétition vicieuse, telle que l'indique notre auteur, dans l'exemple suivant, est du genre de ce que les musiciens appellent une *tosalie*.

comme on l'a déjà dit, de meilleurs moyens pour étendre
une fugue simple , surtout quand le thême a plusieurs
membres (et cela sans recourir au double contre-point, à
l'octave , la dixième et la douzième). Tel est, par exemple ,
le *tasto-solo*, enrichi de ligatures et d'imitations.

(112). Les fugues se font ordinairement pour l'orgue ou
les violons seuls, ou pour des voix avec ou sans accompagnement d'instrumens. S'il en fallait faire pour les instrumens à vent, il faudrait avoir soin, 1° de ne pas excéder
l'étendue de ces instrumens, et de donner, tantôt à l'une ,
tantôt à l'autre des parties, une pause ou un soupir, comme
dans les fugues de chant, pour faciliter la respiration. Dans
les fugues d'orgue ou de violon, cela n'est pas si nécessaire : néanmoins ce serait une disposition fatigante et monotone , que de faire toujours entendre quatre ou cinq parties. C'est aussi une faute, en passant dans un mode voisin ,
de faire recommencer une voix seule avec le sujet, comme
dans le début de la fugue : par exemple, si l'on était en
sol majeur, et que l'on voulût passer au mode mineur
de *la*, il faudrait qu'au moins une des parties accompa-
gnât celle qui répéterait le sujet.

(113). Enfin, il est encore à remarquer que la manière
la meilleure et la plus usitée, de faire entrer les voix, en
commençant, dans les fugues, soit à trois, soit à un plus
grand nombre de parties, est celle où ces voix se succèdent,
selon leur ordre de gravité, soit en montant, soit en descendant, quoique cependant les autres arrangemens soient
permis. Ainsi, dans une fugue à trois parties, on les fera
se succéder dans cet ordre : tenor, contre-alto, dessus, ou
dessus, contre-alto, tenor ; basse, tenor, contre-alto, ou
contre-alto, tenor, basse : dans celles à quatre parties, on
aura basse, tenor, contre-alto et dessus, ou dessus, contre-

alto, tenor et basse. Les répliques doivent se faire alternativement entre la tonique et la quinte, ou réciproquement. Voyez *fig.* 240, *a*, *a'*; *b*, *b'* pour les fugues à trois;
fig. 240, *c*, *c'*; *d*, *d'* pour les fugues à quatre parties.

On voit, par ces exemples, que si la première voix
commence par la tonique [ou dans la région de la tonique],
la deuxième doit commencer par la dominante [ou dans
la région de la dominante]; la troisième, par la tonique;
la quatrième, par la dominante [et ainsi de suite, s'il y en
avait un plus grand nombre]. Réciproquement, si la première voix commence par la dominante, la deuxième com-
mencera par la tonique, la troisième par la dominante, et
la quatrième par la tonique.

Il y a aussi des sujets qui commencent par la seconde,
la tierce, la quarte, la quinte, la sixte et la septième de
la tonique : lorsque cela arrive, la réponse doit être faite
partout à la quinte au-dessus du sujet, c'est-à-dire à la
seconde, la tierce, la quarte, la quinte, la sixte et la
septième de la dominante (*fig.* 241, *a*, *a'*; etc.).

(114). Quoique la réponse de la tonique à la dominante,
et de la dominante à la tonique, soit ce qu'il y ait de
mieux en général, il n'est pas absolument nécessaire de
suivre toujours, au commencement d'une fugue à trois ou
à un plus grand nombre de parties, cet ordre symétrique de
répercussion (c'est ainsi que l'on nomme cette suite de rentrées). Les dix répercussions suivantes, où la tonique répond à la dominante, et la dominante à la tonique, et où
les voix entrantes sont voisines deux à deux, sont recon-
nues pour de bonnes entrées de fugue.

N° 3 (g''')	Dessus,	Alto,	Basse,	Tenor.
4	Alto,	Dessus,	Tenor,	Basse.
5	Alto,	Dessus,	Basse,	Tenor.
6	Alto,	Tenor,	Dessus,	Basse.
7	Alto,	Tenor,	Basse,	Dessus.
8	Tenor,	Alto,	Dessus,	Basse.
9	Tenor,	Alto,	Basse,	Dessus.
10	Tenor,	Basse,	Alto,	Dessus.
11	Tenor,	Basse,	Dessus,	Alto.
12	Basse,	Tenor,	Dessus,	Alto.

(115). Les quatre répercussions suivantes, pour une fugue à quatre parties, sont moins bonnes et plus rares, parce qu'elles ne font pas un si bon effet, les deux premières voix étant trop éloignées l'une de l'autre.

N° 13	Dessus,	Basse,	Tenor,	Alto.
14	Basse,	Dessus,	Alto,	Tenor.
15	Dessus,	Basse,	Alto,	Tenor.
16	Basse,	Dessus,	Tenor,	Alto.

On trouve encore, chez de bons maîtres, les huit répercussions suivantes, qui se répondent par octave au commencement d'une fugue.

N° 17	Dessus,	Tenor,	Alto,	Basse.
18	Dessus,	Tenor,	Basse,	Alto.
19	Alto,	Basse,	Tenor,	Dessus.
20	Alto,	Basse,	Dessus,	Tenor.
21	Tenor,	Dessus,	Alto,	Basse.
22	Tenor,	Dessus,	Basse,	Alto.
23	Basse,	Alto,	Tenor,	Dessus.
24	Basse,	Alto,	Dessus,	Tenor.

(g''') Voyez, pour les numéros 1 et 2, l'art. 113.

(116).

(116). La dernière règle que je donnerai concernant la fugue, est que dans une des voix au moins, il y ait toujours une note frappée à chaque temps, quelle que soit la mesure, afin que [le mouvement soit toujours marqué et que] le chant ne soit pas languissant et monotone, mais porte le caractère du contre-point fleuri.

Je vais maintenant donner (*fig.* 242 et suiv.) deux exemples de fugues à trois et à quatre parties. Ces fugues ne sont plus composées dans les anciens modes, mais dans ceux qui sont à présent en usage ; on y trouvera quelques licences indiquées par les N. B., licences permises à tout commençant. Le premier N. B. sur l'*ut* du tenor, dans l'exemple 242, signifie qu'il est permis de commencer la réponse par une note plus courte ou plus longue que celle du sujet ; il en est de même pour la terminaison. Le deuxième N. B. sur le tenor, signifie qu'en cet endroit il y a une strette ou rapprochement entre cette partie et celle de contre-alto, ce qui est un artifice et non une disposition nécessaire. Le troisième N. B. sous le *la* de la basse, fait remarquer qu'à cet endroit le thème passe en *si♭* majeur, au lieu d'*ut* majeur, licence permise dans le cours de la fugue, surtout quand elle est jointe à un resserrement, comme il arrive ici. Le quatrième N. B. sous le *fa* de la basse, au commencement de la strette, veut dire qu'il n'est pas nécessaire que ce soit la voix qui a commencé la fugue, qui commence aussi la strette. Enfin le cinquième N. B. sur l'*ut* du tenor, qui commence la réponse dans le tenor, signifie qu'il est également bon de prendre le thème après un saut, soit ascendant, soit descendant, ou après une pause ou soupir.

Les licences que forment les *si♭*, dans une fugue dont le thème commence par un *la*, sont bonnes dans l'usage ordinaire, parce que le *si♭* est plus analogue au mode de *ré*

mineur que le *si* ♮ ; il forme une surprise qui a de l'élé-
gance (*h'''*).

(117). On voit, *fig.* 244, la fugue de l'exemple 242, et
fig. 245, celle de l'exemple 243, mises à quatre parties.

Le premier N. B. que l'on voit sur le *mi* du dessus,
dans ce dernier exemple, veut dire que dans le milieu
d'une fugue, et particulièrement dans le cas d'un resserrement, on peut alonger ou raccourcir quelques notes du sujet.
Le second N. B. sur l'*ut* lié de la basse, annonce que le
thème a été légèrement altéré par syncope, la troisième note
ayant été alongée et la quatrième raccourcie d'un temps,
licence permise dans un resserrement. Le troisième N. B.
placé sous le *la* dans le contre-alto, signifie que l'on peut
redoubler la tierce majeure, lorsqu'elle est le troisième ou
quatrième degré de l'échelle d'un mode majeur, ou même
le sixième de celle d'un mode mineur. Le quatrième N. B. sous
le *sol* du ténor, indique une licence aménée par l'harmonie, et d'où il résulte que la strette se fait une seconde
plus bas qu'elle ne devrait se faire. Le cinquième N. B.
sous le *mi* lié de la basse, indique que l'avant-dernière
note du thème peut, comme les autres, être alongée ou raccourcie dans la strette. Le sixième N. B. placé sous le *fa*⁂
du contre-alto, à la dernière mesure, annonce que dans les
modes mineurs on peut finir par une tierce majeure, cette
tierce donnant un repos plus parfait. La tierce mineure est
cependant plus régulière, elle est même nécessaire, s'il vient
quelque chose à la suite [de la fugue dans le même mode];
mais si le mode suivant était plus élevé d'une quarte juste,
tel que serait celui de *sol* majeur ou mineur, la tierce majeure

---

(*h'''*) Cette licence semble déplacée au commencement d'une fugue, où
la modulation appelle le mode mineur de la dominante.

ferait un meilleur effet. Enfin, il faut encore remarquer dans cette fugue le triple resserrement du thême que font les trois voix supérieures sur le *tasto-solo* en *la* dans la basse, où par licence on a mis partout l'*ut** au lieu de l'*ut* naturel. Quelquefois on pratique un resserrement du même genre avant la cadence finale, sur la réponse du sujet, ou sur un épisode déjà entendu plusieurs fois. Tous ces artifices aident à développer la fugue, à laquelle ils fournissent de nouvelles beautés.

(118). Nous donnons, *fig.* 246, deux cadences ou terminaisons à quatre parties, l'une à la quinte, l'autre à la tierce supérieure, que de bons maîtres emploient avant la dernière strette.

CHAPITRE XXVI.

De l'Inversion.

(119). Il y a quatre sortes d'inversion (*i'''*).

(a). La première se nomme *inversion simple ;* elle consiste à renverser tous les intervalles d'un trait de fugue ou de toute autre sorte de composition, de manière que ceux qui sont ascendans dans le sujet, soient descendans dans la réponse, et réciproquement (*fig.* 247). On ne s'astreint néanmoins pas toujours à conserver les mêmes intervalles. Cette inversion peut se faire à l'octave (*fig.* 247, *a'*), à la quinte

---

(*i'''*) L'inversion consiste à prendre un sujet ou trait quelconque de mélodie, dans un ordre différent de celui où il est proposé. Cette opération se nomme autrement *imitation inverse.*

8.

(*ibid.*, *a″*), à la quarte (*ibid.*, *a‴*), à la seconde (*ibid.*, *a*ⁱ⁵), ou à l'unisson (*ibid.*, *a*ᵛ) (*j‴*).

(β). La seconde inversion est appelée *inversion stricte;* elle se fait comme la précédente, mais de manière que les tons répondent aux tons, et les demi-tons aux demi-tons. Pour cela, il faut commencer l'inversion à la septième, à la sixte ou à la tierce majeure en dessus, et laisser les demi-tons sans altération dans les cordes qui composent la partie répondante (*fig.* 247, *b*, *b′*, *b″*, *b‴*) (*k‴*).

Quand le sujet commence sur la quinte, ces deux inversions se présentent différemment. Si l'on examine bien ici le sujet (qui se nomme en latin *subjectum rectum*), on trouvera que de la première à la deuxième note, il y a une quarte mineure ascendante; de la deuxième à la troisième, un saut de tierce mineure descendante, et de la troisième à la quatrième, une seconde majeure ascendante. Quand les mêmes intervalles se trouvent en même ordre dans l'imitation, comme on le voit *fig.* 247, *b′*, *b″*, *b‴*, l'inversion est rigoureuse; mais quand ils ne s'y trouvent pas, comme on le voit *fig.* 247, *a*, *a′*, *a″*, etc., alors l'inversion est simple. Dans ces derniers exemples, le saut de quarte est mineur, il est vrai, dans l'inversion comme dans le sujet; mais la tierce qui suit est majeure au lieu d'être mineure, et la seconde finale est mineure au lieu d'être majeure.

(γ). La troisième espèce d'inversion se fait en copiant toutes les notes, à commencer par la dernière, en rétrogradant jusqu'à la première inclusivement, soit sur le même

---

(*j‴*) Cette inversion se nomme *inversion* ou *imitation par mouvement contraire.*

(*k‴*) Cette seconde espèce n'est qu'une sorte de la précédente.

degré, soit sur un degré plus haut ou plus bas, selon que l'exige la modulation. Cette inversion se nomme *inversion rétrograde* (*inversio cancrisans*) (*fig.* 248) (*l'''*).

(♂). Enfin, la quatrième espèce d'inversion est celle où l'on renverse cette troisième sorte par mouvement contraire, depuis la première jusqu'à la dernière note ; on la nomme *inversion rétrograde et contraire* (*fig.* 249).

(120). Ces deux dernières espèces d'inversion, dans lesquelles on peut observer ou négliger l'ordre des tons et des demi-tons, ne seraient pas susceptibles d'être employées, si le sujet renfermait une note pointée, parce qu'elles donneraient un chant désagréable et boiteux (*fig.* 250, *a, a', a''*); mais les deux premières peuvent très-bien s'employer quand le thême n'a pas de ligature [dissonante] dans les bonnes parties de la mesure (*fig.* 250, *b, b'*) (*m'''*).

(*l'''*) Cette inversion se nomme autrement *inversion* ou *imitation en écrevisse*, parce qu'elle marche en reculant.

(*m'''*) Un sujet de chant étant proposé comme on le voit *fig.* 251, *a*, on peut d'abord imiter ce sujet par mouvement contraire (*fig.* 251, *a'*), puis l'imiter en rétrogradant (*ibid.*, *a''*) ; enfin renverser la rétrogradation elle-même, par mouvement contraire (*ibid.*, *a'''*). Chacune de ces *fonctions* du sujet peut être transportée sur chacun des sept degrés de l'échelle, soit dans le mode principal, soit dans chacun des modes prochains ou éloignés ; chacun des produits de ces opérations peut subir l'accroissement ou le décroissement simple, double, triple, etc. dans la valeur de ses notes ; chacun de ces nouveaux produits peut éprouver une variation par le genre de la mesure ; enfin, tous ces résultats peuvent être modifiés par les différentes places qu'ils occupent dans la mesure, étant pris au frappé, au quart, au demi-temps, etc. Que l'on juge par là des moyens immenses que l'on a pour varier un même sujet, et de ce que l'on peut en obtenir en y appliquant toutes les ressources de l'art. On en voit un bel exemple dans l'ouvrage de J.-Séb. Bach, de la Fugue à quatre parties, où ce grand maître a déduit un œuvre entier et fort considérable, d'un seul et d'un très-simple motif.

(121). On demandera peut-être à quoi servent ces inversions? Je répondrai que leur antiquité et l'usage qu'en ont
fait les grands maîtres, dans leurs chefs-d'œuvre, en dé-
montrent l'utilité. A la vérité, il n'est pas bien difficile de
retourner une pensée musicale, selon les formes de la première et de la seconde espèce, ainsi que les parties d'instrumens qui l'accompagnent : il n'est pas non plus difficile
de prendre, en rétrogradant, la première moitié d'un me-
nuet, ou d'un trio, pour en former la seconde partie ;
mais si, pour composer une fugue, on imagine un thème,
ou un contre-thème, de manière qu'il puisse s'employer
[simultanément] avec une ou deux de ces inversions, il
en résultera une beauté véritable qui servira à enrichir et à
développer la fugue, et qui fera d'autant plus de plaisir
aux auditeurs, qu'ils n'auront pas toujours dans l'oreille
le sujet lui-même.

(122). Il est nécessaire de savoir ce que c'est qu'un *ri-
cercare*, ou mieux encore, un *ricercato* ou *ricercata*. C'est
une sorte de fugue dans laquelle on propose la première
moitié du sujet, comme dans une fugue ordinaire, mais où
la seconde moitié se travaille en inversion simple ou stricte.
Voici le procédé que l'on suit : on prend un sujet naturel,
c'est-à-dire diatonique ou chromatique, dans un mode majeur ou mineur; on le place ordinairement, d'abord dans
la voix la plus basse ou la plus haute ; ensuite on place la
réponse [selon la manière ordinaire] dans la voix la plus
voisine, par exemple dans le ténor, après la basse, ou
dans le contre-alto, après le dessus. Quant à la troisième
et à la quatrième voix, elles prennent l'une le sujet, l'autre
la réponse, par inversion simple. La fugue ainsi engagée se
conduit, dans quelques-uns des modes alliés, ou même dans
tous les cinq, en faisant de petites imitations, en donnant

des pauses, tantôt à une voix, tantôt à l'autre, ce que l'on prolonge à volonté, selon les règles du contre-point sévère.

On fait ensuite le renversement de la fugue dans lequel la voix la plus haute devient la plus basse et la plus basse la plus haute (n'''). Cette voix recommence alors toute seule, ce qui serait une grande faute dans toute autre espèce de fugue, à moins qu'un nouveau texte ne l'exigeât, auquel cas on prend aussi pour l'ordinaire un nouveau sujet. Cette première voix ainsi renversée, on traite toutes les autres d'une manière analogue, et l'on achève la seconde moitié de la fugue.

(123). Quand la fugue n'est qu'à trois voix, la voix moyenne reste moyenne, que l'inversion soit rigoureuse ou non rigoureuse ; mais quand la fugue est à quatre parties, la voix inférieure devient supérieure dans le renversement, et la voix supérieure devient inférieure. Comme le renversement de toutes les voix ne produit pas de cadence finale, il faut encore ajouter quelques épisodes déduits du thême, ou des épisodes antérieurs, ou bien répéter ces imitations d'une manière un peu variée, et faire une cadence formelle et entière dans le mode principal.

Toutes ces inversions peuvent se faire, à deux, trois ou un plus grand nombre de voix. Si on ne les fait qu'à deux parties, on peut les accompagner d'une troisième ou d'une quatrième partie libre. On peut les employer en style libre aussi bien que dans les fugues. Si dans une fugue on renverse simplement le thême proposé (*subjectum rectum*) sans s'assujétir dans l'inversion (*in subjecto contrario*) à l'ordre des tons et des demi-tons, cela s'appelle une fugue *par inver-*

(n''') L'auteur veut dire que les parties changent de direction, et que celle qui allait en montant va en descendant, et réciproquement.

sion contraire simple (fuga per contrarium simplex) ; mais quand on s'astreint à cet ordre, cela se nomme fugue *par inversion contraire stricte (fuga per contrarium reversum).*

(124). On verra, *fig.* 252 et 253, deux petites fugues par inversion contraire, où le renversement répond toujours au sujet jusqu'à la strette. La première est une fugue en *la* mineur par inversion contraire simple ; la seconde est une fugue en *sol* mineur par *inversion contraire rigoureuse*, à la quinte : cette dernière est de Fux, elle va fournir matière à quelques observations. A l'endroit indiqué par *a*, le dessus varie légérement la réponse d'inversion, ce qui est permis : en *a'* et en *a''* il se trouve dans la basse, et dans le contre-alto, un soupir ainsi placé pour mieux faire ressortir la phrase renversée, usage dont Fux fait une règle qui ne s'observe point aujourdhui, vu qu'un thême entier n'échappe point si facilement à l'oreille de l'auditeur : en *a'''* le tenor, imite le dessus à l'octave grave par accroissement (*per figuram augmentationis*).

(125). On voit, *fig.* 254, un *ricercato* (o''') à trois parties pour l'orgue, selon les formes de l'inversion contraire stricte, par Ph. Kirnberger. Ici le sujet chromatique, qui commence sur la septième du mode majeur, règne jusqu'à la soixante-douzième mesure ; au levé de cette même mesure,

---

(o''') Le mot *ricercato*, en italien, signifie *recherché*. On donne ce nom à tout genre de composition où sont employées les recherches du dessin musical. Ce nom convient à certaines fugues ; mais on l'applique plus particulièrement encore aux compositions madrigalesques, qui, outre les recherches de dessin, offrent encore celles du goût et de l'expression. L'École italienne possède une quantité prodigieuse d'ouvrages et même de chefs-d'œuvre en ce genre : les principaux auteurs qui s'y sont distingués sont Palestrina, L. Marenzio, Cl. Monteverde, Don C. Gesualdo, A. Scarlatti, B. Marcello, J.-B.-M. Clari, Ag. Steffani et Fr. Durante.

la partie la plus élevée commence l'*inversion contraire ri-*
goureuse qui règne dans les trois voix et aussi long-temps que
le sujet proposé , avec son accompagnement jusqu'à la cent
quarante-troisième mesure et selon les règles de l'harmonie la
plus pure. La fugue continue ensuite pendant neuf mesures
avec de petites imitations, et se termine par une cadence pla-
gale dans le mode principal.

CHAPITRE XXVII.

De la Fugue sur un plain-chant.

(126). Pour faire une fugue sur un plain-chant, on choisit
ordinairement pour sujet quelques notes du plain-chant lui-
même, prises par décroissement, et l'on fait entrer successivement les trois premières voix sur ce sujet, et sa réponse comme
dans une fugue ordinaire, jusqu'à ce qu'enfin la quatrième
arrive apportant le plain-chant. Lorsque celui-ci commence
sur la tonique, une autre voix saisit l'occasion de le reprendre sur la dominante au grave ou à l'aigu ; mais toutes
les fois que l'on fait entendre le plain-chant [par imitation
dans une des voix] , il faut que les autres voix travaillent
en opposition par imitation. On peut quelquefois resserrer
ces sortes de fugues , et y introduire les ornemens du contre-
point et autres figures. Voyez , *fig.* 255, une fugue où le
plain-chant passe successivement dans toutes les voix (p''').

(p''') On voit, par cet exemple et les suivans, qu'il ne s'agit point
proprement de fugues sur le plain-chant, comme l'annonce le titre de ce
chapitre, mais de contre-point en imitation sur le plain-chant. On peut
voir de très-beaux modèles de ce genre, dans l'ouvrage du P. Martini ,

(127). On compose aussi des fugues dans lesquelles une voix seule fait entendre le plain-chant, les autres faisant des imitations en contre-point fleuri. On a un excellent exemple de ce genre de fugues, dans l'*Ave Maria* de M. Fux (Voyez la note *p'''*). Si l'on ne voulait pas travailler par forme de fugue un plain-chant destiné à être chanté par une seule voix, il suffira de faire un bon contre-point dans les autres parties de chant, ou dans celles de violon et d'orgue, comme on peut le voir *fig.* 256 et 257.

VI.

DU CONTRE-POINT DOUBLE.

(128). On désigne généralement sous le nom de *contre-point double*, ou mieux encore de *contre-point complexe*, toute partie de contre-point qui peut s'employer de plusieurs manières différentes, par opposition au contre-point simple, qui ne peut s'employer que d'une seule manière.

Le nom de *contre-point complexe* se donne non-seulement à la partie de contre-point susceptible de ce double emploi, mais encore à la composition qui renferme cette partie. Il y a plusieurs espèces de contre-point complexe, selon les différentes modifications et le nombre d'emplois que reçoit le contre-point. On appelle proprement *contre-point double* celui qui peut être employé de deux manières ; *contre-point triple*, celui qui peut être employé de trois manières, etc. Quant

---

Trattato di Contrapunto sopra il canto fermo. Ces exemples se trouvent au sixième livre des *Principes de Composition des écoles d'Italie.*

aux diverses manières de contre-point complexe, elles consistent en ce que le contre-point peut être employé sur un autre degré, soit au grave, soit à l'aigu, c'est-à-dire à la seconde, à la tierce, à la quarte, à la quinte, etc., soit supérieure, soit inférieure, ce qui donne les doubles contre-points de même nom. Il y a aussi les doubles contre-points par mouvement contraire, ou double contre-point inverse, le double contre-point rétrograde, le rétrograde inverse, le double contre-point par accroissement ou décroissement.

Toutes ces espèces de contre-point se font d'après les mêmes principes, et lorsque l'on connaît bien l'une d'entr'elles, on apprend facilement toutes les autres. Notre auteur ne traite que du double contre-point à l'octave, à la dixième et à la douzième. Le lecteur qui voudra connaître les autres, consultera le troisième livre des Principes de Composition des écoles d'Italie, ou le deuxième livre du Traité de la Fugue et du Contre-Point, de Marpurg, de l'édition que j'ai publiée. On verra, dans les trois premiers chapitres qui vont suivre, la doctrine des trois espèces dont nous venons de parler ; le suivant traitera de la fugue double, qui est fondée sur cette espèce de contre-point ; le dernier, qui est le 32e de l'ouvrage, traitera du canon.]

CHAPITRE XXVIII.

Du Contre-point double à l'octave.

(129). LORSQUE, dans une composition à deux voix, [les parties sont faites de manière que] la partie supérieure peut être renversée une octave plus bas, ou bien l'inférieure une octave plus haut, tandis que l'autre reste à sa place, cela

se nomme un *double contre-point à l'octave;* il peut d'ailleurs y avoir une troisième ou une quatrième partie accom-
pagnante, mais il faut que les intervalles, dans les deux
parties renversées, paraissent de la manière suivante :

$$1 \quad 2 \quad 3 \quad 4 \quad 5 \quad 6 \quad 7 \quad 8$$
$$8 \quad 7 \quad 6 \quad 5 \quad 4 \quad 3 \quad 2 \quad 1.$$

Par là on voit que l'unisson répond à l'octave, la seconde à la septième, la tierce à la sixte, la quarte à la
quinte, la quinte à la quarte, la sixte à la tierce, la septième à la seconde et l'octave à l'unisson (*q'''*).

Les intervalles diminués deviennent augmentés, les majeurs
deviennent mineurs, et réciproquement. On ne devrait pas
excéder l'octave juste dans le contre-point qui doit être
renversé (*r'''*), cependant on emploie quelquefois des inter-

---

(*q'''*) Ceci veut dire que si, au-dessus d'un plain-chant quelconque,
on fait un contre-point qui ne soit jamais à plus d'une octave de distance du plain-chant, et que l'on essaie ensuite de transporter le plain-
chant au-dessus du contre-point, ou le contre-point au-dessous du plain-
chant, les intervalles se changeront, savoir, l'unisson en octave, la seconde en septième, etc. V. *fig.* 258. En supposant que les notes blanches
de cet exemple représentent le plain-chant, et les notes noires supérieures,
le contre-point fait au-dessus, les notes noires inférieures font voir ce que
deviennent les intervalles de ce contre-point, quand on l'abaisse d'une
octave. La réciproque a lieu. Cette considération préliminaire est nécessaire pour faire le double contre-point à l'octave; car on voit qu'il ne faut
employer les intervalles que de manière à ce qu'ils puissent se renverser;
par exemple, puisque la quinte se change en quarte, on ne peut pas
l'employer comme consonnance, et ainsi du reste.

(*r'''*) Parce que les intervalles plus grands que l'octave restent au-
dessus du thème, lorsque le contre-point n'est abaissé que d'une octave,
la neuvième se changeant alors en seconde, la dixième en tierce, etc. ;
mais il faut observer que dans le contre-point soi-disant à l'octave, on

valles plus grands que l'octave, à l'effet d'avoir un plus beau contre-sujet. Ces doubles intervalles doivent, au reste, être regardés comme simples et chiffrés tels dans la partie d'orgue.

On voit, *fig.* 260, *a*, *b*, *c*, un exemple de contre-point double à l'octave; en *a*, on voit ce contre-point dans sa position originaire; en *b*, le contre-point est passé au-dessous du sujet; en *c* au contraire, c'est le sujet qui passe au-dessus du contre-point.

(130). Le renversement de la partie supérieure à l'octave, où elle devient partie grave, se nomme *renversement à l'octave inférieure* (*inversio* ou *evolutio in octavam gravem*). Le renversement de la voix inférieure à l'octave au-dessus, où elle devient partie aiguë, se nomme *renversement à l'octave supérieure* (*evolutio in octavam acutam*). Quand la seconde devient neuvième, la tierce dixième, etc., [en un mot, quand le contre-point excède l'octave], les renversemens ne valent rien pour le contre-point à l'octave (*fig.* 261, *a*, *b*, *c*).

Ce désordre vient de ce que le contre-point primitif est tantôt au-dessus, tantôt au-dessous du sujet ; pour y remédier, il faudrait transporter le contre-point deux octaves plus haut, ou plus bas, ou, ce qui revient au même, transposer une des deux voix d'une octave, et l'autre également d'une octave, en sens contraire (*fig.* 262, *a*, *b*, *c*).

Le renversement que l'on voit *fig.* 263, autrefois très-usité, ne vaut rien à cause de ce croisement fréquent du contre-point et du sujet, marqué par les signes N. B.

élève ordinairement le sujet d'une octave, en même temps que l'on abaisse le contre-point d'une octave ; alors la différence de position se trouve être de deux octaves, ce qui permet de donner au contre-point deux octaves d'écartement vis-à-vis du sujet (*fig.* 259).

(131). La première règle pour composer ce contre-point, est donc de ne pas dépasser facilement l'octave dans le contre-point.

La deuxième, de ne point employer l'octave par saut au frappé [par mouvement contraire], parce que dans le renversement elle donne l'unisson à vide ; cette défense n'a pas lieu dans la composition à plusieurs parties. Dans celle à deux et à un plus grand nombre de voix, l'octave est permise après une courte ligature, telle qu'un demi-temps ; elle est également permise comme note de passage, par degré ou par saut ; elle se permet encore au commencement ou à la fin, de même que l'unisson.

La troisième règle défend d'employer la quinte majeure par saut, même quand les deux parties marcheraient ensuite par degrés, parce que dans le renversement elle donnerait une quinte non préparée (*fig.* 264, *a*, *a'*). Elle est permise comme note de passage, quand elle est employée régulièrement (*fig.* 264, *b*, *b'*, *b''*, *b'''*) ; elle l'est encore quand elle devient quarte par renversement, comme note changée, et qu'elle est préparée par la tierce, la sixte ou l'octave (*fig.* 264, *e*, *e'*, *e_1*, *e_1'*, etc.).

Le signe N. B. que l'on voit, *fig.* 264, *b'''*, signifie qu'en cas de besoin on peut faire double renversement ; celui que l'on voit, *fig.* 264, *e'_2*, fait remarquer qu'il vaut quelquefois mieux faire le renversement à la double octave, pour éviter l'unisson.

La quatrième règle, enfin, est que l'on ne doit pas employer deux neuvièmes liées ; on en a déjà donné la raison précédemment. On permet cette dissonance comme note de passage régulier, et dans ce cas, on la regarde et on la chiffre comme une simple seconde. Il en est de même de la dixième, de la onzième, de la douzième, etc., que

l'on regarde comme des tierces, des quartes, des quintes, etc.,
vu que dans cette espèce de contre-point on ne doit pas
dépasser l'octave, [c'est-à-dire que le contre-point ne doit
nulle part s'écarter du sujet de plus d'une octave]. Cependant si l'on fait une neuvième à dessein, elle se trouvera
mieux à la suite de l'octave ou de la dixième; par exemple,
dans une disposition comme celle-ci : 8.9, 9.10, 8.9.10,
10.9.8, elle fera meilleur effet à l'œil et sera plus facile
à chanter que dans une disposition comme 8.2, 2.10,
8.2.3, 3.2.8, [c'est-à-dire que la deuxième ne doit pas
être employée par saut, mais par degré].

(132). Quand, dans la proposition d'un contre-point (s''')
à deux voix du genre dont il s'agit ici, on n'emploie
que la tierce, la sixte et l'octave, qui paraissent alternativement comme notes frappées; que l'on évite en outre
d'employer de suite deux consonnances de même espèce
(c'est-à-dire deux tierces ou deux sixtes, car deux quintes
sont toujours défendues); quand enfin on ne se sert que
du mouvement oblique ou du mouvement contraire, la
composition peut facilement être mise à trois ou à quatre
parties, et fournir en même temps un contre-point à la
dixième, ensorte que l'on n'a pas besoin d'ajouter de partie étrangère, c'est-à-dire ne renfermant ni le thème, ni
le contre-thème, et qu'en même temps le mode déterminé
par la première phrase est conservé. La composition sera
à trois voix en mettant une partie à la tierce supérieure
de la voix haute ou de la voix basse; elle sera à quatre

(s''') Nous employons préférablement le terme de *proposition d'une
fugue*, pour désigner la première phrase de cette composition, contenant
le sujet et tous les contre-sujets, quel qu'en soit le nombre.

voix, si l'on en met une à la tierce supérieure de l'une et de l'autre partie.

On voit, *fig*. 265, *a*, une proposition de fugue contenant un sujet avec le contre-sujet, et *fig*. 265, *b*, le renversement de cette proposition. On voit, *fig*. 265, *c*, la proposition portée à trois voix par l'adjonction d'une partie à la tierce supérieure du sujet. Dans la figure 265, *d*, le contre-sujet est abaissé d'une octave; en 265, *e*, la proposition est mise à trois voix par l'addition d'une partie à la dixième au-dessus du contre-sujet; en 265, *f*, on a quatre parties par l'addition de celles qui sont à la tierce au-dessus du sujet et du contre-sujet; enfin en 265, *g*, la partie ajoutée à la tierce au-dessus du sujet est renversée à la sixte au-dessous de ce même sujet, position plus avantageuse, parce que les unissons des voix intermédiaires de la figure précédente se changent en octaves, que le tenor fait avec le dessus.

Cet exemple peut être regardé comme un préliminaire du contre-point à la dixième; car si, au lieu de la tierce supérieure, on avait ajouté à chaque partie sa tierce inférieure, cette nouvelle disposition (*fig*. 265, *h*) serait le contre-point à la dixième des précédentes. Le N. B. de cet exemple veut dire que dans cette espèce de contre-point, aussi bien que dans celui à la douzième, on doit tolérer souvent le saut de quarte majeure. On remarquera encore que dans cet exemple le contre-point passe du mode majeur d'*ut* dans le mode mineur de *la*; si l'on voulait, avec le premier exemple à la dixième supérieure, passer dans des modes voisins, on se servirait de cette modulation pour prolonger la fugue.

(133). On se sert donc, comme on l'a déjà fait voir, de ce double contre-point à l'octave, pour traiter un plain-

plain-chant; on l'emploie aussi sur le chant libre, dans les épisodes et dans tous les styles possibles, mais surtout dans les fugues, où l'on a coutume de l'appliquer aux thêmes, contre-thêmes et épisodes. Nous plaçons ici deux exemples, dont le premier (*fig.* 266, *a*), en *ut* majeur, représente un épisode qui, après les deux renversemens (*fig.* 266, *b*, *c*), est mis à trois parties par l'adjonction d'un dessus libre (*fig.* 266, *d*), ou d'une basse libre (*fig.* 266, *e*). Le second exemple est une fugue brève pour l'orgue, à quatre parties, en *ut* majeur (*fig.* 267), où le double contre-point à l'octave, entre le thême et le contre-thême, est conservé partout.

Quelques maîtres prétendent que l'on ne doit pas placer de ligature dans un sujet de fugue que l'on veut renverser. Ils ont raison de porter cette défense pour le cas où l'on veut renverser le contre-thême, ce qui ne doit jamais se faire; mais quand on ne se sert point de contre-thême ni direct, ni renversé, on peut facilement employer par liaison une couple de consonnances qui se retrouvent ainsi liées, dans les renversemens du thême; c'est ce que l'on voit aux signes N. B. dans la fugue 267.

CHAPITRE XXIX.

Du Contre-point double à la dixième ou tierce.

(134). CE genre de contre-point s'allie facilement au précédent, qui est le contre-point double à l'octave, dans les compositions à trois et à un plus grand nombre de voix; mais avant de s'occuper de cette combinaison, il faut savoir composer ce contre-point à deux parties. Voici le tableau des inversions auxquelles il donne lieu :

9

$$1 \quad 2 \quad 3 \quad 4 \quad 5 \quad 6 \quad 7 \quad 8 \quad 9 \quad 10$$
$$10 \quad 9 \quad 8 \quad 7 \quad 6 \quad 5 \quad 4 \quad 3 \quad 2 \quad 1 \;\; (t''').$$

On se sert le plus souvent de ce contre-point double, ainsi que du précédent, dans les fugues, tant dans la proposition que dans les épisodes ; il se nomme *contre-point double à la dixième, à l'aigu* (*contrapunctus duplex in decimâ acutâ*), lorsqu'avec le sujet, le contre-sujet ou le thême d'épisode, on fait marcher une ou deux voix à la tierce ou dixième supérieure ; il se nomme *contre-point double à la dixième inférieure* (*contrapunctus duplex in decimâ gravi*), quand ces mêmes voix marchent à la tierce ou dixième inférieure.

Quelquefois, comme on le verra ci-après, ce contre-point produit, dans la composition à quatre parties, une tierce ou dixième supérieure et une tierce ou dixième inférieure ; mais souvent, et surtout quand dans le thême on a déjà employé en différens endroits le mouvement semblable, on est obligé de faire une partie libre dans la composition à trois voix, ou deux dans celle à quatre ; alors on ne peut plus donner à ce contre-point qu'une seule transposition, comme dans la composition à deux voix.

REMARQUES.

(135). L'unisson devient ici dixième ; cet unisson peut se pratiquer même à deux voix, en ce genre de composition, dans toutes les parties de la mesure.

La seconde se change en neuvième ; cette seconde, en cas

(t''') Ce tableau veut dire que dans le renversement à la dixième, l'unisson devient dixième inférieure ; la seconde supérieure devient neuvième inférieure ; la tierce, octave, etc., et réciproquement. Voyez *fig.* 268.

de liaison, ne doit pas être préparée par la tierce, mais par une autre consonnance, autrement on aurait, dans le renversement, une neuvième préparée par l'octave, ce qui donnerait deux octaves couvertes défendues. [Ainsi la seconde préparée par la tierce, sous le sujet que l'on voit *fig.* 269 *a*, devient une neuvième préparée par l'octave, sur ce même sujet abaissé d'une dixième (*fig.* 269 *a'*), ou lorsqu'elle-même est transportée une dixième plus haut (*fig.* 269 *a''*). La septième préparée par la sixte, et résolue en octave au-dessus du sujet, comporte le renversement du sujet lui-même à la dixième supérieure à trois parties (*fig.* 269 *a'''*).

La seconde préparée par l'unisson, se prête au contre-point à la dixième, *fig.* 269 *b*, *b'*, *b''*, *b'''*; il en est de même de la préparation par la quinte et la sixte (*fig.* 269 *c*, *d*)].

L'exemple 270 *a* serait fautif à trois parties, en abaissant le sujet d'une dixième (*fig.* 270 *a*), et l'exemple 270 *b*, serait également fautif à trois parties, en transportant le contre-point à la dixième supérieure (*fig.* 270 *b*). Les exemples 270 *c* et *d*, vont médiocrement à trois parties à la dixième inférieure; ils ne vont nullement à la dixième supérieure.

(136). La tierce se change en octave; par conséquent, dans les compositions à deux voix, il est défendu de faire la tierce par mouvement semblable, parce qu'il en naîtrait, dans le renversement, des octaves couvertes (*fig.* 271 *a*, *a'*, *a''*); mais, quand le thême se traite à trois ou quatre parties, on permet cette tierce par mouvement semblable, parce que la troisième et la quatrième voix couvrent cette faute. Deux tierces de suite par mouvement semblable donnant deux octaves dans le renversement, restent toujours défendues (*fig.* 271 *b*); il en est de même des dixièmes qui produisent des unissons (*fig.* 271 *c*).

9..

(137). La quarte devient septième : elle est permise comme note de passage, soit régulière, soit irrégulière, à deux, à trois, à quatre parties, etc.; mais elle ne peut être prise par syncope dans les contre-points à deux ni à un plus grand nombre de voix en la partie supérieure, parce qu'il faudrait la résoudre sur la tierce, ce qui, dans le renversement, donnerait dans la basse une septième résolue sur l'octave, que l'on sait être défendue (*fig.* 272 *a'*, etc.).

Lorsque la quarte est prise par syncope dans la partie inférieure, et résolue comme à l'ordinaire dans la quinte (mineure le plus souvent), on peut la renverser de deux manières dans le contre-point à deux voix (*fig.* 272 *b*, *b'*, *b"*); mais elle ne peut se renverser que d'une seule fois, et à la dixième au grave dans le contre-point à trois (*fig.* 272, *b'''*).

(138). La quinte se change en sixte ; mais malgré cela on ne peut, dans le contre-point sévère, employer la quinte majeure par mouvement semblable, quoiqu'elle donne une sixte dans le renversement.

La sixte se change en quinte : par conséquent on ne peut, dans le contre-point à deux parties, employer de suite, par mouvement semblable, deux ou un plus grand nombre de sixtes, parce qu'il en résulterait [dans le renversement] des suites de quintes (*fig.* 273, *a* et suiv.); et quand on voudra n'employer qu'une seule sixte, il ne faudra pas le faire par mouvement semblable [parce que dans le renversement, il en résulterait une quinte par mouvement semblable] (*fig.* 273, *b* et suiv.).

(139). La septième se change en quarte ; ainsi elle peut être employée comme note de passage régulier ou irrégulier : elle peut être aussi employée par syncope à deux parties, mais non à trois parties. [Voyez, *fig.* 274, *a*, une proposition en contre-point à la dixième à deux voix ; on trouve le contre-point renversé à la dixième au grave, *fig.* 274, *b* ; le sujet transporté à la dixième à l'aigu, *fig.* 274, *c*, le tout à trois voix ; *fig.* 274, *d*, par le redoublement du contre-point à la dixième au grave ; et *fig.* 274, *e*, par le redoublement du sujet à la dixième à l'aigu].

On voit, *fig.* 275, *a*, *b*, la manière dont il faut changer la cadence finale de l'exemple 274, *d*, pour que les parties supérieure et inférieure marchent bien. Il faut se garder de la cadence citée *fig.* 275, *c*, et que Fux a employée page 179.

(140). On voit, *fig.* 276, un exemple pour l'emploi des notes changées, dans la partie supérieure, c'est-à-dire, lorsque la septième majeure ou mineure succédant à l'octave, descend par saut sur la quinte majeure, disposition très-convenable pour la composition à deux voix, parce que, dans les deux renversemens, il en résulte une quarte qui descend à la sixte. Dans le contre-point à trois voix, cette disposition ne convient que dans le renversement du sujet à la dixième supérieure (*fig.* 276, *b*). [Le renversement du contre-point à la dixième inférieure serait défectueux (*fig.* 276, *b'*, *b''*)]. Dans la composition à quatre voix, cette disposition n'est également bonne que quand le renversement à la dixième supérieure se fait en transportant la voix inférieure à l'octave grave, et celui à la dixième inférieure, en laissant à sa place la voix supérieure (*fig.* 276, *c''*).

Nota. En supprimant le ♭ qui se trouve devant le *mi*, dans la troisième mesure du sujet (*fig.* 276, *a''*), on pourra encore pratiquer d'autres renversemens dans la composition à trois voix, surtout si l'on veut passer du mode majeur de *si♭* au mineur de *ré* (*fig.* 276, *d*, *d'*).

(141). L'octave se change en tierce, la neuvième en seconde, la dixième en unisson ; ainsi les remarques que l'on a faites

sur la tierce (136), trouvent ici leur application presqu'entière. On a déjà donné des exemples sur la dixième.

Nota. On peut employer des neuvièmes dans les contre-
points à deux parties (*fig.* 277, *a*) pour les deux renversemens ; dans ceux à trois voix, elles ne peuvent s'employer que
dans le renversement à la dixième supérieure (*fig.* 277, *b*) ;
il en est de même de ceux à quatre voix, lorsque la quatrième
partie est libre (*fig.* 277, *c*).

(142). Si l'on veut rester jusqu'à la fin, dans un mode
déterminé, il faut qu'au moins la partie supérieure commence
et finisse sur la troisième ou la cinquième [note de l'échelle]
du mode principal, et l'on ne peut employer que le renversement à la dixième supérieure (*fig.* 278, *a'*, *a''*). Quand on
commence sur la tonique, le renversement à la dixième inférieure conduit dans le mode de la sixième, ce qui est permis, à raison de l'affinité des deux modes (*fig.* 279).

Nota. Dans le premier renversement (*fig.* 278, *a'*), il a
fallu, pour éviter les sauts de quarte majeure, mettre le ♭ devant le *si*, dans la troisième et la sixième mesure du tenor ;
dans le second (*fig.* 278, *a''*), il faut, pour la même raison,
mettre le ✳ devant le *fa* dans le dessus.

Nota. Le renversement à la dixième ou à la tierce supérieure, dans le contre-point à trois, donne toujours une
meilleure mélodie que celui qui se fait à la dixième inférieure, parce que le *mi contrà fa* ne paraît pas dans la
première, ou n'y paraît que fort rarement. Si l'on voulait
soit par goût, soit par nécessité, ajouter une quatrième
partie, on pourrait faire une partie libre sans le secours
du double contre-point, à peu près comme on voit
fig. 278, *c*.

Les N. B. que l'on voit dans la sixième mesure (*fig.* 279, *a'*)
annoncent que dans cette circonstance la note sensible a été

redoublée par nécessité, et que par conséquent ce redoublement n'est point une faute.

Nota. Le renversement à la tierce ou dixième supérieure vaut toujours mieux lorsqu'il se fait dans des intervalles mineurs, parce qu'il exige moins de signes accidentels.

On remarquera encore que dans l'exemple 279, *a″*, le dessus n'a été renversé à l'octave inférieure, et l'alto à la tierce supérieure, qu'afin de pouvoir se servir de ce renversement, ainsi que du précédent, pour les parties de chant.

Si, la note changée, le *ré* du violon de l'avant-dernière mesure [qui fait quarte sur la basse] (*fig.* 279, *c*) paraissait trop dure à l'oreille, on pourrait corriger, soit la partie elle-même, soit la basse, comme on le voit *fig.* 279, *c′*, *c″*. Le meilleur moyen, pour éviter ce défaut, est de ne pas faire de quintes dans la proposition.

(143). On a déjà dit qu'il n'était pas nécessaire que toutes les notes, jusqu'à la dernière, fussent assujéties au contre-point à la dixième; il suffit, à trois et à quatre parties, que ce contre-point s'étende jusqu'à l'avant-dernière mesure.

Remarquez bien que quand on évite, dans le duo, toutes les ligatures en dissonance, et même celles de la quinte; que l'on n'emploie pour notes changées que l'octave ou l'unisson, la tierce et la sixte; que l'on n'emploie le mouvement semblable au commencement ni de la mesure, ni des temps; (ou que dans une mesure large, comme la mesure *alla breve*, on ne l'emploie ni dans une bonne, ni dans une mauvaise partie de la mesure); si dans les notes de passage régulier, on ne fait paraître la quinte que diatoniquement, et si dans la cadence sur l'avant-dernière note, on fait passer la sixte majeure à l'octave, alors le contre-point pourra être à la dixième à trois ou quatre parties, jusqu'à la dernière mesure, sans ajouter de partie libre.

Si, après un contre-point double, on n'a rien à ajouter qui puisse former une cadence générale à trois ou quatre parties, on pourra se servir de celles que l'on voit *fig.* 280, *a*, *b*.

On trouvera, *fig.* 281 et 282, un troisième exemple relatif à tout ce qui a été dit précédemment. Les exemples 283 et 284 sont des fugues avec contre-point double à la dixième, l'une pour les parties de chant, l'autre pour l'orgue.

CHAPITRE XXX.

Du Contre-point double à la douzième ou quinte.

(144). LE contre-point double à la douzième ou à la quinte est un contre-point qui, à deux parties, est disposé de manière à ce que, l'une des voix restant immobile, l'autre puisse être élevée ou abaissée à la douzième ou à la quinte. On a déjà fait voir, dans les deux contre-points précédens, comment les deux parties concouraient à cette permutation : par exemple, si la partie supérieure reste en place, l'inférieure est élevée d'une douzième ; si, au contraire, la partie supérieure est abaissée d'une octave, il suffit d'élever la partie inférieure d'une quinte ; le tout selon que les voix le permettent.

(145). Voici le tableau de la transformation de ces intervalles, dans cette espèce de contre-point.

$$1 \quad 2 \quad 3 \quad 4 \quad 5 \quad 6 \quad 7 \quad 8 \quad 9 \quad 10 \quad 11 \quad 12$$
$$12 \quad 11 \quad 10 \quad 9 \quad 8 \quad 7 \quad 6 \quad 5 \quad 4 \quad 3 \quad 2 \quad 1.$$

On voit le même tableau en 'notes , *fig.* 285.

On déduit de là les règles suivantes.

(*α*). Dans une proposition à deux parties, il ne faut pas monter au-dessus de la douzième.

(*6*). On ne peut point employer par saut une sixte mineure ou majeure, parce que dans le renversement elle produit une septième majeure ou mineure sans préparation. — *Nota.* La sixte augmentée, employée par saut, serait bonne dans la composition libre, parce que dans le renversement elle produit une septième diminuée (*fig.* 286, *a*, *b*, *c*).

On peut employer les deux autres par degrés, même lorsque la voix inférieure fait une ligature ; mais deux sixtes ne doivent jamais se suivre immédiatement, à moins que la première ne soit majeure et la deuxième augmentée (*fig.* 287).

(*γ*). On ne doit pas employer, dans la partie supérieure, la septième liée et préparée par la sixte, puisque dans le renversement cette sixte deviendrait septième (*fig.* 288, *a*, *a'*, *a''*) ; mais on peut la préparer par la tierce (*fig.* 288, *b*, *b'*, *b''*), par la quinte (*fig.* 288, *c*, *c'*, *c''*), par l'octave ou par la dixième (*d*, *d'*, *d''*). Enfin, elle peut encore s'employer résolue, par saut sur la tierce, et préparée par une sixte majeure qui, dans le renversement, devient septième dominante, et qui s'emploie très-bien dans un renversement à la douzième au grave (*fig.* 288, *e*, etc.) ; mais cette disposition vaut mieux dans les morceaux à grand nombre de voix, que dans ceux à deux parties [à cause de l'accompagnement de la septième].

(*δ*). Dans le contre-point à deux parties, la partie supérieure doit commencer et finir par la quinte ou la douzième majeure, principalement pour le renversement à la douzième inférieure, si le thème doit rester dans le mode primitif, mode que la partie inférieure seule peut indiquer dans

ce genre de contre-point. Pour le renversement à la douzième supérieure, on peut commencer ou finir à l'unisson,
à la tierce ou à l'octave (*fig.* 289, *a*, *b*, *c*).

(ε). En faisant le renversement à la douzième supérieure, il faut, si l'on veut mettre à trois parties un morceau à deux voix, il faut, dis-je, dans la troisième partie
libre, placer la tonique sous la première note, qui est alors
la dominante, et se servir pour cela de la pause du contre-
point (*fig.* 289, *d*). Il faut aussi prolonger de quelques
mesures la dernière note de la partie supérieure qui finit
sur la dominante, afin que les autres parties puissent faire
une cadence libre sur la tonique.

(ζ). Si d'un contre-point à deux voix on veut faire un
contre-point à quatre, qui marche continuellement à la
douzième, il ne faut faire usage nulle part de mouvement
semblable, ni de ligature en dissonance, et n'employer dans
le contre-point à deux, au commencement de chaque temps,
d'autres intervalles que la tierce, la quinte et l'octave,
prises alternativement. Si ces trois conditions sont bien observées, on n'a plus autre chose à faire que d'ajouter deux
parties, l'une à la dixième ou tierce inférieure de la partie supérieure, l'autre à la dixième ou tierce supérieure de
la partie inférieure; alors le contre-point sera à quatre
parties et exact (*fig.* 282 et 290). Cette dernière figure
fait voir tous les renversemens que l'on obtient par l'observation des règles.

(η). Quand, au lieu du renversement à la douzième supérieure ou inférieure, on voudra employer le simple renversement à la quinte, il ne faudra pas que l'octave soit
frappée librement dans les bonnes parties de la mesure,
parce qu'il en résulterait une quarte sans préparation
(*fig.* 291, *a*). On peut prévenir cette faute de deux

manières ; la première est de faire un contre-point double
à l'octave sur la voix supérieure, qui doit être ainsi des-
cendue ; la seconde, de faire tout simplement un contre-point
à la douzième (u'''), comme on le voit *fig.* 291, *b*,
et suivantes.

(146). L'exemple 291, *d* fait voir que dans le contre-
point à quatre parties, les deux contre-points précédens,
c'est-à-dire celui à l'octave et à la dixième, peuvent s'allier avec le contre-point à la douzième.

On pourrait encore renverser ces contre-points à la douzième de deux autres manières, pour parcourir plusieurs
sortes de modes (*fig.* 291, *e*).

On voit, *fig.* 292, un contre-point seulement à deux parties
à la douzième, sans plain-chant. Les N. B. de la seconde
et de la quatrième mesure (*ib.*, *c*) signifient qu'au lieu des
intervalles de neuvième, dixième et onzième, que le renversement proposé exige, on ferait mieux de mettre, selon les règles du contre-point à la quinte, ceux de seconde,
tierce, quarte et tierce, parce que ces deux contre-points
se mêlent volontiers ensemble.

On voit, *fig.* 293, une fugue à la douzième, de Fux,
qui offre une cadence finale à la manière antique.

CHAPITRE XXXI.

De la double Fugue.

(147). L es doubles fugues à deux sujets, même lorsqu'elles
sont à trois, quatre ou un plus grand nombre de parties,

___

(u''') Le moyen le plus simple est de préparer l'octave par la quinte
ce qui produit dans le renversement une quarte préparée par l'unisson.

ne sont pour ainsi dire autre chose que des fugues avec
double contre-point à l'octave. On peut d'ailleurs faire répondre le contre-thême en même temps que le thême, c'est-
à-dire, quand la répercussion est terminée.

Les doubles fugues à deux sujets ont, pour la plupart,
deux espèces de contre-thêmes, l'un plus tôt, l'autre plus
tard, ainsi qu'on l'a vu dans la fugue d'orgue que nous
avons déjà citée (*fig.* 284).

Pour composer ces sortes de fugues, il faut observer toutes
les règles de la fugue simple et celles du contre-point double
à l'octave; sans cette précaution ces thêmes ne se prêteraient
point au renversement.

(148). Il faut agir différemment, lorsque la double fugue
renferme trois ou un plus grand nombre de sujets.

Pour faire une fugue de cette espèce, il faut d'abord
prendre une ou deux parties de plus que l'on ne doit avoir
de sujets, afin que l'une ou l'autre des parties puisse se
reposer quelquefois.

En second lieu, il faut nécessairement faire usage du
contre-point double à l'octave.

Troisièmement, il faut observer que les divers sujets ne
soient pas composés de notes correspondantes en valeur;
qu'ils ne commencent pas tous, mais qu'ils finissent tous
bien en même temps.

Quatrièmement, il est de toute nécessité d'employer dans
les doubles fugues à trois sujets, le contre-point triple, et
dans celles à quatre sujets, le contre-point quadruple à
l'octave, dont voici les règles en peu de mots.

1°. Ne point employer de liaison de neuvième.

2°. Ne jamais faire deux quartes de suite par mouvement semblable, parce que, dans le renversement, elles
donnent des suites de quintes.

3°. N'employer la quinte que par mouvement oblique ou liée avec la sixte.

4°. N'employer de même que par mouvement oblique la sixte accompagnée de $\frac{8}{3}$ ou de $\frac{3}{1}$.

(149). En péchant contre la première de ces règles, on aurait des fautes dans les deux renversemens de la fugue ou contre-point à trois sujets; l'un donnerait $\frac{2}{7}\ \frac{3}{8}$, l'autre $\frac{7}{6}\ \frac{6}{-}$ [Voyez *fig.* 294*, a, b, c.].

La seconde règle est claire par elle-même : elle comporte une exception; c'est que si la seconde quarte est une quarte majeure, la proposition sera bonne, parce que dans l'un des renversemens on aura la quinte majeure suivie de la quinte mineure, et dans l'autre deux accords de sixte [où ces deux quintes seront entre les parties (*fig.* 295*, a, b, c)].

En opérant contre la troisième règle, on aurait une fois un accord permis de $\frac{6}{3}$; mais, la seconde fois, on aurait celui de $\frac{6}{4}$, que l'on ne peut point employer librement dans la composition sévère. Pour éviter ce défaut, on ne doit pas faire de quinte dans la proposition ; il faut employer préférablement l'accord parfait $\frac{3}{1}$ ou $\frac{8}{3}$: la quatrième partie libre peut employer les quintes comme tous les autres intervalles.

En négligeant la quatrième règle, les renversemens présenteraient une fois l'accord parfait $\frac{5}{3}$, et une autre fois l'accord de $\frac{6}{4}$. Il faut donc sur l'accord de sixte majeure ou mineure [les autres espèces sont interdites], il faut, dis-je, dans la proposition ou la répercussion, redoubler, au lieu de la tierce, la note fondamentale ou la sixte elle-même,

quand elle n'est pas la note sensible, ce qui donnera $\begin{smallmatrix}6\\1\end{smallmatrix}\begin{smallmatrix}8\\6\end{smallmatrix}$

ou $\begin{smallmatrix}6\\6\end{smallmatrix}$; la quatrième partie libre peut toujours prendre la

tierce avec la sixte.

(15c). En observant ces quatre règles et celles du contre-point double à l'octave, on pourra renverser de six ma-nières, y compris la proposition, une fugue à trois sujets sans contre-point à la dixième; une double fugue à quatre sujets pourra être renversée de vingt-quatre manières.

Avant de composer une semblable fugue, il est très-à propos d'essayer au moins trois ou quatre renversemens, pour voir si le contre-point sera partout correct et pur. Dans une fugue à trois sujets, les principaux renversemens sont les suivans; ce sont ceux qu'il faut essayer.

a	b	c
Dessus,	Basse,	Moyenne,
Moyenne,	Dessus,	Basse,
Basse,	Moyenne,	Dessus.

Dans chacun de ces trois renversemens on peut prendre, dans tel ordre que l'on juge convenable, chacun des trois sujets, et chaque partie peut entrer la première, la seconde ou la troisième. Maintenant, chacun des renver-semens ci-dessus, la basse restant la même pour chacun d'eux, peut éprouver une variation dans l'arrangement des parties supérieures, ce qui donne les trois autres renver-semens ci-après.

a′	b′	c′
Moyenne,	Dessus,	Basse,
Dessus,	Basse,	Moyenne,
Basse,	Moyenne,	Dessus.

Il ne faut pas faire grace aux commençans, de l'exercice que nous venons de tracer. On voit, *fig.* 296, *a,*
a'; *b, b'*; *c, c'*, un exemple de ces six renversemens.
Chacun des trois renversemens principaux produit des accords différens; chaque renversement particulier donne
seulement des dispositions différentes de ces mêmes accords.

(151). Il n'est pas nécessaire que toutes ces *permutations*
soient employées dans une double fugue. On verra, *fig.* 297,
une double fugue à quatre parties à trois sujets, qui servira de modèle, et dans laquelle tous les renversemens que
nous venons de faire connaître ne sont pas employés.

Il n'est pas non plus absolument nécessaire que les trois
thèmes se suivent de mesure en mesure, comme on l'a
vu dans les exemples précédens (*fig.* 297). On trouve dans
de bons maîtres des doubles fugues, où chaque thème marche
seul pendant quelque temps, et dans lesquelles, après une
demi-cadence ou une cadence entière, le premier thème
s'unit au second, celui-ci au troisième, et ainsi de suite.

(152). Celui qui possède les Fugues de Mattheson peut
prendre pour modèle en ce genre, celle en *sol* mineur à
trois sujets, dont nous rapportons ici les trois thèmes
(*fig.* 298, *a, b, c*). Après avoir suivi le premier thème
selon les formes de la fugue simple, pendant trente-quatre
mesures, ce savant maître fait reposer ce thème sur la dominante du mode principal, c'est-à-dire en *ré* majeur. Cela fait,
le second thème commence tout seul; il produit une fugue
simple à quatre parties, qui se poursuit pendant soixante
mesures et se termine sur la tonique. A cet endroit, le troisième thème commence seul aussi au levé, et se développe
pendant vingt-cinq mesures en fugue simple à trois parties,
jusqu'aux trois dernières mesures; puis il se termine à quatre
parties, par une cadence parfaite en *si*♭ majeur.

Alors, l'auteur commence à lier ensemble, en *ré* mineur, le premier et le second thême, comme on le voit *fig.* 298, *d*; dans la septième mesure, il réunit les trois thêmes (*fig.* 298, *e*); dans la dix-neuvième, il dispose le second et le troisième thême comme on voit *fig.* 298, *f*. Au N. B. il continue d'allier les trois thêmes, et poursuit pendant dix-sept mesures sa fugue entremêlée d'imitations. Avant de finir, il y mêle une pensée de style idéal à deux parties, avec une série de sixtes descendantes; enfin, il termine ce morceau par une cadence générale à quatre parties.

CHAPITRE XXXII.

Du Canon.

(153). L<small>E</small> mot de *canon*, en Musique, signifie une espèce de fugue dans laquelle doit régner l'imitation la plus sévère. Nous avons vu, chapitre XXIII, que l'imitation simple admet beaucoup de licences, tant dans les sauts que dans le progrès diatonique; nous avons vu, chapitres XXIV et XXV, ce que c'est qu'une fugue, et quelles sont les licences qu'elle est obligée de prendre dans la répercussion; nous savons qu'il doit régner entre le sujet et la réponse une imitation plus sévère que dans les épisodes; mais dans le canon, soit qu'il soit à deux, à trois ou à un plus grand nombre de voix, il faut que le thême, à quelque genre de mélodie qu'il appartienne, antique ou moderne, soit imité en entier, depuis le commencement jusqu'à la fin, par les voix subordonnées, quant à l'espèce de notes, c'est-à-dire quant aux valeurs respectives; quant à la qualité des

notes

notes (ν''') dans les canons à l'unisson et à l'octave ; quant
aux pauses et aux repos (la première entrée ou répercussion exceptée), quant aux points et ligatures, quant aux
sauts ascendans ou descendans, quant aux tons et aux demi-
tons, quant aux apoggiatures et ornemens ; en un mot, dans
toutes et dans les moindres choses.

(154). [Cela posé] le canon peut être fini ou infini ;
il peut être rétrograde (*cancrizans*) ; il peut, comme les
fugues artificielles, être fait par augmentation, par diminution ou par l'un quelconque des renversemens ; il peut
être double à quatre parties, tri-double à six, quatri-double
à huit, etc. ; il peut être à la seconde, à la tierce, à la quarte,
à la quinte, etc., en un mot, à tous les intervalles, non pas
toutefois en même temps ; enfin il peut être de plusieurs
formes *polymorphus* [c'est-à-dire satisfaisant à plusieurs
conditions]. Celui qui veut approfondir toutes ces subtili-
tés, qui sont aujourd'hui fort peu [et l'on doit même le
dire, pas assez] estimées, peut consulter la seconde partie
du Traité de la Fugue et du Contre-Point, de Marpurg,
imprimé à Berlin en 1754 (x''').

(155). Les canons les plus ordinaires, les plus faciles et
en même temps les plus sévères, sont ceux à l'unisson et
à l'octave. Ce n'est que dans ces deux espèces que les réponses peuvent se faire bien exactement, quant à l'ordre

(ν''') *Dem Buchstaben nach;* littéralement, quant à la lettre, parce
que les Allemands nomment les notes avec les lettres de l'alphabet.

(x''') J'ai donné en 1809 une nouvelle édition de cet ouvrage, beaucoup plus belle, beaucoup plus commode et augmentée d'un Traité du
Contre-Point simple, du même auteur, traduit de l'allemand. On peut,
sur la même matière, consulter le XXIIe livre de l'ouvrage de *Cerone,
El melopeo y maestro, etc.* On peut voir les Principes de Composition
des écoles d'Italie, livre V.

10

des tons et des demi-tons, quoique l'on puisse cependant obtenir la même régularité dans ceux à la quinte et à la quarte; mais il est impossible d'y parvenir dans ceux à la seconde, à la sixte, à la septième et à la neuvième.

Rien n'est plus facile que de faire un canon à deux voix, à l'unisson ou à l'octave; il n'est pas même nécessaire d'y employer le contre-point doublé à l'octave. On écrit une pensée que l'on juge la meilleure et la plus convenable au sujet, note à note, saut par saut, etc., dans les deux voix; mais on fait entrer la voix répondante, dans les uns une demi-mesure, dans les autres une mesure entière, et dans d'autres encore plus tard (y''').

Il est indifférent, dans un canon à l'unisson ou à l'oc-

(y''') Cette description du procédé usité pour faire les canons à l'unisson ou à l'octave, pouvant présenter quelque obscurité, nous croyons devoir placer ici l'explication suivante.

Pour faire un canon à deux voix, on commence par écrire dans une des parties un trait de chant d'une, de deux, de trois ou d'un plus grand nombre de mesures. Cela fait, on écrit le même trait de chant à la suite, dans l'autre partie, à l'unisson, à la quinte, ou à tel autre intervalle que l'on se propose de faire le canon. Le trait étant ainsi transcrit dans la seconde partie, on fait au-dessus ou au-dessous, dans la première, un contre-point ou accompagnement qui s'étend jusqu'à la fin de ce trait. Cet accompagnement étant terminé, on l'écrit, dans la seconde partie, à la suite du premier trait. On fait alors, dans la première partie, sur cet accompagnement ou contre-point un second contre-point que l'on transporte ensuite dans la deuxième partie, à la suite du premier, et ainsi de suite, jusqu'à ce que l'on juge à propos d'arrêter le canon.

Le procédé est le même, quel que soit le nombre des voix et le genre du canon, dans un grand nombre de cas. On conçoit aussi qu'au lieu d'être d'une, de deux ou trois mesures, le thème ne soit que d'une demie, d'un quart, d'un huitième de mesure, et moins encore. Voyez sur ce sujet, outre les auteurs déjà cités, A. Berardi : *Documenti armonici, libro secondo*.

tave, que ce soit la voix supérieure ou l'inférieure qui
commence; mais l'exécution (*productio*) d'une pièce de ce
genre serait mauvaise, si l'on voulait faire chanter un canon
à l'unisson, par un dessus et un tenor, ou par un contre-
alto et une basse, ou si l'on voulait faire exécuter un canon
à l'octave par deux voix égales : dans les deux cas, il en
résulterait un mauvais effet. Cette faute d'une fausse exécution se fait souvent pour les canons à quatre voix, qui ne
sont pas faits à l'unisson, et qui ont plus d'une clef, et
cela, lorsque l'on manque de voix de dessus. Par exemple,
si quatre hommes, avec leur voix grave, chantent ensemble
un canon fermé, il en résulte qu'au lieu de l'accord par-
fait $\frac{5}{3}$ on entend le plus souvent un accord de $\frac{6}{4}$, et souvent même à faux, surtout quand il se présente dans la
première et la dernière mesure, ou sans liaison, dans un
temps fort d'une mesure quelconque. Lorsque l'on veut
exécuter exactement un canon, il faut observer les clefs
de la proposition.

(156). On voit, *fig.* 299, 300 et 301, trois exemples de
canon. Le premier est un canon à deux voix à l'unisson,
avec accompagnement d'orgue; ce canon est fini et porte cadence parfaite, comme l'indique le N. B. qui est sur le premier soprano; c'est pourquoi on ne le répète pas. Le second
est un canon infini de Kirnberger, à deux voix à l'unisson,
ce qui est indiqué par le double signe de répétition : : ,
qui comprend depuis la deuxième jusqu'à la dernière mesure ; celle-ci ne fait pas de cadence. Le troisième est aussi
un canon infini à deux voix à la quinte; cependant il a un
signe de repos ⌢, où chaque voix s'arrête après avoir
répété deux ou trois fois.

(157). Il est à propos de remarquer que l'on peut facile-

10..

ment changer un canon fini à deux voix, en un canon
infini, et réciproquement. Si l'on veut que le canon soit
infini, on fait le demi-signe de répétition depuis le commencement de la deuxième jusqu'à la fin de la dernière mesure ; mais il faut disposer la mélodie des deux voix de
manière que chacune puisse passer aisément de la dernière
note de la dernière mesure, à la première note de la première mesure de l'autre partie, comme on le voit dans les
deux exemples ci-dessus :

· Si l'on veut que le canon soit fini, on fait de même le
demi-signe de répétition, et on y ajoute une note finale
dans chaque voix ; ces deux notes finales peuvent être en
unisson, en octave ou en tierce, comme on le voit *fig.* 302.
Ces notes finales sont en effet les premières de la dernière
mesure, celles par lesquelles, après quelques répétitions,
on terminerait naturellement, quand même elles ne seraient
point écrites ; car on conçoit que l'on ne peut pas chanter
sans cesse.

Si le canon est fait sans signe de répétition, et que l'on
ne veuille pas faire cesser la première voix avant la deuxième,
il faut, à cette première voix, ajouter une ligature de
seconde 2 3|1, ou une septième liée 7 6|8, comme
on peut le voir *fig.* 299.

(158). Les canons à deux parties à la seconde, à la tierce,
à la quarte, à la quinte, à la sixte, à la septième et à
la neuvième, sont déjà un peu plus difficiles à inventer
et à composer que ceux à l'unisson et à l'octave. Quelquefois, mais rarement, il arrive que dans une mélodie capable
de produire un canon, il y a plusieurs réponses cachées,
surtout quand elle marche plus par degrés conjoints que par
sauts. C'est ainsi que dans le premier exemple ci-dessus
(*fig.* 299), on trouve que le canon peut être pris à la se-

conde supérieure, la tierce inférieure, la sixte supérieure, la septième inférieure, à l'octave inférieure et supérieure, à la neuvième et à la dixième inférieures. On peut voir toutes ces différentes manières dans la figure 303, *a*, *b*, *c*, *d*, *e*, *e'*, *f*, *g*. Si l'on excepte la disposition à l'octave, il faudrait pour chacune de ces dispositions, un accompagnement d'orgue différent du premier.

Le canon à la sixte, ceux à la septième et à l'octave, sont fondés sur le contre-point double à l'octave; celui à la dixième n'est que le renversement du contre-point simple à l'octave inférieure, c'est-à-dire du second dessus dans le tenor.

Si l'on regarde le canon à la neuvième comme un canon à la seconde supérieure, on pourra le renverser à la septième inférieure, par le moyen du contre-point double à l'octave.

(159). Il n'est pas non plus difficile de faire un canon à trois voix à l'unisson. [Pour cet effet], on écrit sur des clefs égales, et pour des voix qui ne doivent pas commencer en même temps, le trio que l'on juge le plus convenable, ce que l'on nomme en latin *inventio*; l'ayant ensuite travaillé selon les règles de la composition sévère, de la composition libre, ou de la composition mixte, on peut en faire un canon *ouvert* ou *fermé*. On en voit un exemple, *fig.* 304, *a* et *b*; la première contient l'invention [ou proposition]; la seconde, le canon ouvert ou développé.

Pour l'exécution de ce canon, on n'écrit la première et la deuxième voix que jusqu'au signe N. B., parce qu'à cet endroit toutes les phrases sont finies.

On voit, *fig.* 304, *c*, le même canon fermé.

(160). Dans tous les canons ouverts (*fig.* 304, *b*), on

écrit d'abord la partie supérieure, c'est-à-dire le chant principal ; on place à la suite celle qui, dans l'invention, a
fait la cadence de basse, quand même ce serait la voix
moyenne, comme on le voit ici ; celle-ci étant achevée,
on écrit la troisième. Pour voir si toutes les transpositions
sont bien justes, et pour terminer entièrement la voix inférieure, il a fallu ici répéter, dans la première partie, la
première et la seconde phrase ; il a suffi de répéter la première dans la voix moyenne. Comme la voix supérieure
forme, ainsi que les deux autres, une mélodie continue, à
l'aide des trois phrases, il arrive que le quart de soupir
de la deuxième phrase se perd partout dans cette deuxième
phrase, et que la demi-pause de la troisième phrase se
trouve réduite à un soupir. Pour l'exécution, on copie donc
chaque voix à part ; et sur celle qui commence on écrit
canto primo ; sur celle qui la suit, et qui prend ici quatre
pauses, on écrit *canto secondo ;* sur celle qui répond en
second lieu, et qui a huit pauses, on écrit *canto terzo.*
Alors les chanteurs peuvent répéter le canon autant de fois
qu'ils le veulent, quoiqu'il n'y ait pas le signe de répétition,
et s'arrêter à la fin de l'une quelconque des phrases, lorsqu'ils
le veulent. Aussi pourrait-on mettre sur la dernière note
de chaque phrase un signe de terminaison en cette
forme ⌒.

(161). Dans le canon fermé (*fig.* 304, *c*), on écrit toutes
les trois voix sur une seule ligne, de manière que la première, la seconde, qui renferme la cadence de basse, et la
troisième [qui fait le remplissage ou le complément de l'har-
monie], étant écrites chacune en entier, fassent ensemble
une suite continue. Alors les trois chanteurs peuvent le chanter d'une même voix. L'un commence le canon, et lorsqu'il
est arrivé au signe §, qui doit se mettre au-dessus de la

première note de la seconde partie, le second chanteur commence; celui-ci étant encore arrivé au premier signe, le troisième commence à son tour. Chacun d'eux doit chanter le canon entier; puis ils le répètent autant de fois qu'ils le veulent; ils peuvent le finir quand il leur plaît, mais il faut qu'ils finissent tous en même temps, au signal que donne l'un d'entr'eux, s'ils ne sont pas convenus du nombre de répétitions.

(162). On suit le même procédé pour faire un canon à quatre ou à un plus grand nombre de voix.

Voyez, *fig.* 305, *a*, l'invention d'un canon à quatre voix. Pour avoir le canon ouvert, on opère comme il suit. Après la dernière noire marquée du signe N. B., dans la première voix, on écrit la première noire de la deuxième voix, en retranchant le soupir qui est au frappé; de même, en écrivant la troisième et quatrième voix, il faut, au lieu du demi-soupir par lequel commence chacune de ces parties, écrire la dernière note de la partie précédente; et comme les voix entrent l'une après l'autre, chacune d'elles doit compter des pauses en attendant le moment où elle entre.

Pour l'exécution, on écrit chaque voix à part; les trois premières ne s'écrivent chacune que jusqu'au signe N. B. (*fig.* 305, *b*), parce que leurs quatre membres finissent en cet endroit; la partie inférieure se copie toute entière [avec les pauses qui en précèdent l'entrée], parce qu'elle ne répète aucun des membres de phrase. Au reste, on peut répéter ces sortes de canons circulaires autant de fois qu'on le désire, et l'on finira de chanter quand on voudra, tous cependant ensemble, à la fin d'un des membres indiqués par le signe ⌢.

(163). Dans le canon ouvert dont il s'agit ici (*fig.* 305, *b*), il faut, de la quatrième voix de l'invention, faire la

troisième, parce qu'elle renferme la cadence de basse; et
de la troisième il a fallu faire la quatrième, parce qu'en
l'employant comme troisième voix ou troisième membre,
elle aurait produit trois fois, dans la première répercussion,
l'accord défendu de quarte et sixte frappé sans préparation.
Il fallait que la voix supérieure ou première phrase restât
première; que la deuxième voix ou deuxième phrase restât
aussi en son rang.

Par les mêmes raisons, il faut employer le même procédé dans le canon fermé, avec cette différence qu'ici les
trois phrases s'écrivent de suite et sur une seule ligne
(*fig.* 305 , *c*).

Nous donnons encore ici trois canons fermés à l'unisson ;
l'un à trois voix (*fig.* 306), le second à quatre (*fig.* 307),
et le dernier à cinq voix (*fig.* 308).

(164). Quand on veut que la réponse à un canon ne soit
pas faite à l'unisson, mais à la quinte ou à l'octave supérieure ou inférieure, on a coutume de placer en avant du
signe de mesure toutes les clefs, en rétrogradant selon l'ordre
où les parties doivent se suivre, et d'indiquer, soit par ce
signe S, soit par des chiffres annonçant l'intervalle auquel est
fait le canon, et que l'on place au-dessus ou au-dessous des
notes, celles de ces notes sur lesquelles les autres voix doivent
entrer. Voyez, *fig.* 309, un canon à trois, de Stœlzel; *fig.* 310,
un canon à quatre voix, du même auteur; *fig.* 311 et 312,
deux canons, l'un à trois, l'autre à quatre voix.

Les canons où les rentrées sont indiquées par des chiffres
peuvent être écrits sur une seule clef; il faut observer que
les chiffres placés au-dessus de la portée indiquent les intervalles supérieurs, et ceux au-dessous les intervalles inférieurs; la même observation a lieu à l'égard du signe S.

Les intervalles indiqués par les chiffres se comptent tou-

jours à partir de la première note de la première partie,
et non de celle sur ou sous laquelle le chiffre est placé ;
ainsi dans l'exemple 311, aussi bien que dans le premier,
le ténor reprend au chiffre 5 la partie de basse à la quinte
au-dessus ; après que le ténor a répondu, le contre-alto entre
en octave au chiffre 8. Dans l'exemple 312, le contre-alto
entre à la quinte inférieure au chiffre 5, le ténor à l'octave inférieure au chiffre 8, et la basse à la douzième
inférieure au chiffre 12.

(165). En voilà assez sur les canons circulaires ou canons chansonniers (*Lieder-Canonen*). Quant aux canons in-
trigués et contre-pointés, qui doivent toujours être ouverts
et finis, et dans lesquels chaque contre-thême est un nouveau chant [déduit du thême principal] et satisfait en
même temps au canon, j'avoue qu'ils ne sont pas si faciles
à composer, et qu'on ne peut y parvenir que par beaucoup
de recherches et d'essais. Palestrina, Fux et autres, étaient
fort habiles en ce genre de composition.

On voit, *fig.* 313, un exemple de ce genre à quatre
parties, du premier auteur. On remarquera qu'à ce signe §
(qui n'est point ici placé pour l'exécution, comme précédemment, mais comme renvoi), le canon finit partout,
les autres mesures sont libres pour opérer la terminaison.

On voit encore, *fig.* 314, un canon à cinq voix, dans
lequel le contre-point double a été employé jusqu'aux
signes §, §§. Les deux parties inférieures chantent le premier canon, les trois autres le second.

Quelques personnes qui ne se connaissent point à la composition, croient trouver un canon partout où elles entendent
une imitation, et souvent il n'est question que d'un contre-
point simple. On en voit, dans la strophe citée *fig.* 315,
un exemple tiré de la Musurgie de Kircher.

(166). Nous terminons cette exposition par quelques observations sur le canon énigmatique. Celui-ci n'emploie aucune espèce de signes, ni chiffres, ni lettres pour indiquer
les quatre [et en général les diverses] parties de chant,
[quel qu'en soit le nombre et l'espèce, aussi bien que la
loi du canon]; souvent même on n'y met pas de clef. Ainsi
celui sous les yeux duquel tombe un canon de ce genre,
qui, pour tout intitulé, n'a ordinairement que ces mots:
canon [énigmatique] à trois ou à quatre voix, doit chercher à le résoudre par tous les intervalles possibles, soit
supérieurs, soit inférieurs d'unisson, seconde, tierce,
quarte, etc., jusqu'à ce qu'il trouve une solution convenable. Souvent il faut recourir au renversement, au mouvement contraire, au mouvement rétrograde et rétrograde
inverse, et aux transpositions des clefs (z'''); enfin il faut
encore essayer les pauses et demi-pauses, soupirs et demi-
soupirs, l'augmentation et la diminution, etc., et tous les
moyens que nous avons indiqués comme propres à varier
un sujet (Voyez note m''').

Le canon de M. Kirnberger: *Wir irren allesammt, nur
jeder irret anders,* est un canon de ce genre.

VII.

NOTIONS SUPPLÉMENTAIRES.

(167). [Nous plaçons ici, sous le titre de *Notions
supplémentaires*, quelques objets détachés qui n'ont point

(z''') L'auteur donne ici un tableau des rapports des clefs, que nous
supprimons comme trop connu.

une liaison intime avec ce qui précède, mais dont il est bon que l'élève prenne connaissance. Ils consistent, 1°. en une ins-truction sur la manière d'écrire à cinq et à un plus grand nombre de parties, avec des exemples de ce genre de com-position; 2°. en une instruction sur la distinction des styles ou genres de musique; 3°. en quelques détails sur les di-vers instrumens les plus usités ou les plus connus aujour-d'hui. Ce sera la matière des trois chapitres suivans qui terminent cet ouvrage.]

CHAPITRE XXXIII.

Règles sommaires sur la Composition à cinq parties.

(168). Pour écrire à cinq [et à un plus grand nombre de] parties, [il faut nécessairement redoubler quelques sons des accords consonnans] on redouble d'abord les con-sonnances parfaites, puis les consonnances imparfaites; dans les accords de $\frac{6}{4}$, on redouble la quarte et non la sixte, lorsque cette quarte n'est pas liée. Sur la seconde mineure ou majeure, on redouble dans celui de $\frac{4}{2}$ la seconde et non la sixte; dans celui de $\frac{5}{2}$, la même seconde et non la quinte.

Les dissonances redoublées et même la septième note de l'échelle (*sub-semitonium modi*), peuvent se faire au pas-sage régulier. Si cette note sensible fait la tierce ou la sixte de l'accord, il est toujours défendu, même à cinq parties et au-dessus de la redoubler dans les frappés : on ne peut la redoubler à cette place, que dans une partie moyenne, et lorsqu'en outre c'est elle qui fait la basse.

On voit, *fig.* 316 et 317, des exemples de redoublement pour les accords ordinaires, exemples qui peuvent servir à la composition sévère et à la composition libre, mais avec des plain-chants seulement dans la première. L'exemple 316 est pour les accords parfaits; on y trouve quelques renversemens. L'exemple 317 est pour les accords imparfaits. Dans ce dernier exemple, on voit, au signe N. B., un *mi* redoublé qui est admissible comme tierce de l'accord parfait d'*ut* dans le mode d'*ut*; il serait mauvais si le mode était en *fa*; le *si* de l'exemple 317, *c*, est mauvais par cette raison, parce qu'il est la sensible du mode d'*ut*.

(169). On voit, *fig.* 318, *a, a', a'', a'''*, les exemples pour la liaison de seconde; *fig.* 318, *b*, la liaison de $\frac{4}{2}$; *b'*, la quarte diminuée; *b''*, la quarte mineure; *b'''*, la même sans liaison; *b*ᴵⱽ et *b*ⱽ, la quarte majeure; *c, c', c''*, la quinte mineure; *d, d'*, etc., la quinte et sixte; *e* et suiv., la sixte. On remarquera, au signe N. B. en *e'''*, le *mi* redoublé comme tierce de l'accord parfait d'*ut* dans le mode majeur de cette note; en *e*₁ et suiv., la sixte majeure et augmentée; en *f* et suiv., la septième et ses différentes espèces; en *g* et suiv., la neuvième.

La figure 319 fait voir l'échelle majeure en montant et en descendant. Les exemples 320 — 324 contiennent les cinq espèces de la composition à cinq voix.

CHAPITRE XXXIV.

Du Style d'église, de chambre et de théâtre , et de la Musique
d'église avec accompagnement d'instrumens.

(170). La fréquentation habituelle des églises, des concerts
particuliers et du théâtre, nous apprend de quelle manière
il faut traiter chacun des trois styles; mais, par malheur,
comme de nos jours on trouve tous ces trois styles entre-
mêlés en un seul, il faut faire voir au moins, pour l'intelligence des anciens ouvrages, comment autrefois chaque
style était traité, et quelle était la destination de chaque
genre de musique.

(171). Les messes en latin, les graduels; les offertoires,
les psaumés, les hymnes, les antiennes composées dans le
style *à capella*, à quatre, à cinq voix, etc., avec ou sans

orgue, dans la mesure *alla breve* ou dans celle de $\frac{4}{4}$,

comme aussi dans la mesure $\frac{3}{1}$ ou $\frac{3}{2}$ (a''''), dans le contre-

point sévère ou libre; voilà en quoi consistait la musique
d'église.

La musique de chambre consistait, comme aujourd'hui,
dans des morceaux agréables, tels que les concertos de différens instrumens, les *duetto*, les *terzetto*, les *quartetto*,

---

(a'''') La mesure $\frac{3}{1}$ emploie une ronde pour chaque temps. Voyez
mon Introduction à l'Étude générale et raisonnée; première partie, première section, livre I, chap. II et IV.

les ariettes italiennes accompagnées du clavecin ou d'autres
instrumens ; quelquefois on s'amusait encore à chanter des
canons et des madrigaux.

Au théâtre appartenaient autrefois, comme aujourd'hui,
les ouvertures, les récitatifs, les airs, les duo, trio, quatuor, etc., et les chœurs, tantôt gais, tantôt tristes, tantôt
de demi-caractère, selon que le sujet le demandait. On se
servait de presque tous les genres de mesure, à l'exception
du triple et du demi-triple $\frac{3}{1}, \frac{3}{2}$ (b''''), on employait aussi
les instrumens, comme aujourd'hui ; mais on n'introduisait pas
les instrumens à vent dans toutes les ariettes. Ici, je pourrais
dire quelque chose au sujet du rhythme musical ; mais comme
ce rhythme ne doit être bien observé que dans des airs na-
tionaux, tels que menuets, trio, allemandes, gavottes,
airs, chansons, etc., je renvoie mes lecteurs au Traité de
M. Riepel (c''''), et je dirai seulement que le rhythme
musical n'est pas assujéti dans de grands morceaux, tels
qu'ariettes, symphonies, trio, etc., aux formes régulières et symétriques des petites pièces, parce que la gêne

---

(b'''') L'auteur se trompe en ce qui concerne la mesure $\frac{3}{2}$; elle était
fort usitée dans l'origine du style dramatique ; les opéra de Monteverde,
ceux même de Cavalli, de Cesti, de Colonna, de Perti, et dans notre
école française, ceux de Lully et de tous ses successeurs, sont remplis
d'airs écrits en ce genre de mesure, qui n'a été abandonné, dans le style
de théâtre, que vers le commencement du dix-huitième siècle.

(c'''') *Anfangsgründe zur musikalischen Setzkunst*, etc. Principes
élémentaires de Composition musicale, traités non d'après les formes
mathématiques des musiciens géomètres, mais par des exemples très-
clairs et très-intelligibles, première partie : de la Rhythmopée, etc. Ra-
tisbonne, 1754.

qu'il impose pourrait déranger et même anéantir la plus belle pensée (*d''''*).

Ainsi pour trouver la véritable méthode de la musique d'église, qui n'a à observer le rhythme que dans les hymnes, quand ils ne sont pas en contre-point, je conseille à tous les jeunes compositeurs de choisir des pensées sérieuses, relevées, sublimes, pieuses ou gaies, selon que le texte l'exige. Il ne faut donc pas toujours composer dans des modes mineurs, comme on le fait ordinairement pour les messes des morts, les *Miserere* et les *Stabat mater*. Une grand'messe solennelle, des vêpres, un *Te Deum*, font un bon effet dans des modes majeurs et dans une mesure vive ; cependant il est quelques morceaux, comme le *Kyrie*, le *Qui tollis*, le *Dona nobis pacem*, etc., qui ne comportent pas l'*allegro*. Ce mouvement ne conviendrait pas non plus dans tous les psaumes des vêpres, ni dans la strophe *Te ergo quæsumus* du *Te Deum*. Un bon compositeur, qui entend la langue latine, doit savoir arranger sa composition suivant les paroles.

(172). Enfin, il est encore bon de savoir employer les instrumens avec les voix.

(*x*). Si l'on veut ajouter aux parties de chant les violons avec des notes courantes ou sautantes, les seizièmes et les trente-deuxièmes de notes [c'est-à-dire les doubles et les triples croches], font le meilleur effet, et si l'on donnait ces dernières aux instrumens de basse, il en résulterait un bruit confus. Pour produire de la variété, on peut broder les parties de violons en notes promptes, par mesure ou

---

(*d''''*) Cette simple remarque d'un maître, fait sentir l'absurdité du système qui tend à introduire dans tous les genres de composition la symétrie la plus rigoureuse.

par demi-mesure. On obtient encore un bon effet, lorsque les instrumens graves et la basse continue alternent avec les violons, mis à l'unisson.

On trouve aussi des compositions où les violons vont à l'unisson avec le dessus et l'alto, tandis que la basse con-tinue agit toujours avec des huitièmes et des seizièmes de note. Je ne conseillerais pas de faire marcher surtout le pre-mier violon à l'octave au-dessus de l'alto, et le second violon en unisson avec le dessus, parce que les suites d'accords de sixte produiraient deux quintes. Il y a encore d'autres ornemens et des traits vifs et brillans en usage pour les vio-lons; pour se les rendre propres, il faut imiter et suivre les compositeurs les plus modernes et les plus exacts, quand on n'a pas soi-même un grand esprit d'invention.

(ϛ). On donne aux deux hautbois un chant facile, avec des noires et des croches, entremêlées de quelques doubles croches. Les symphonistes n'aiment pas à rencontrer beaucoup de notes soutenues, quoiqu'elles fassent souvent un excel-lent effet pendant une, deux ou trois mesures. Si dans la mu-sique d'église on ne veut rien faire de particulier dans les par-ties de ces instrumens pour remplir l'harmonie, on les laisse marcher tous deux à l'unisson, plutôt avec le dessus qu'avec le violon, cette dernière méthode étant rarement praticable.

(γ). La même chose s'entend des clarinettes.

(♪). Les flûtes traversières, quand elles n'ont rien d'o-bligé, peuvent aller avec l'alto, mais à l'octave au-dessus, principalement dans les fugues. Dans les morceaux d'un autre genre, on leur donne volontiers un chant propre, composé tantôt de notes un peu promptes, tantôt de notes soutenues.

(ε). Les cors et les trompettes marchent volontiers dans toute leur étendue, par tierce ou par sixte; souvent la quinte

quinte se trouve sur la dominante, et l'octave sur la tonique (*fig.* 325).

(ζ). A ces derniers on joint aussi les timbales, toutes
les fois que l'harmonie retombe sur la tonique ou sur la
dominante. Ces instrumens s'écrivent, comme on sait, sur
la clef de basse, et n'ont que deux tons seulement, savoir,
ut et *sol* en descendant en *ut* majeur; *ré* et *la*, en *ré* majeur; *si*♭ et *fa*, en *si* majeur; *mi*♭ et *si*♭, quand elle est en
mi♭ majeur; mais ces deux tons s'écrivent toujours par *ut*
et *sol*. Or comme ces instrumens peuvent s'employer dans
quatre modes différens, il faut que le compositeur ait soin
d'indiquer le mode où il veut les employer; ainsi l'on
écrit *Timpani* en C, ou timbales en *ut*, etc.

(η). Les bassons doivent marcher avec la contre-basse,
quand ils n'ont rien d'obligé.

(θ). Le premier trombonne doit aller avec l'alto, le second avec le tenor, et le troisième, qui n'est plus guère
d'usage, avec la basse du chant. Cet instrument demande
plutôt des notes lentes que des notes brèves; il veut peu
de notes poussées, que les trompettes seules font volontiers; il ne faut jamais lui donner un mouvement vif dans
des morceaux obligés.

(ι). Le cornetto, instrument à vent assez rare, s'écrit
ordinairement en unisson avec le dessus.

(κ). Les cors anglais peuvent être employés comme partie moyenne et de remplissage, ou bien marcher tous les
deux avec l'alto, dans les *tutti* et les chœurs. On les emploie plus souvent dans les symphonies, ariettes, etc., où
on leur donne des traits propres au chant.

Il est inutile de rapporter ici des exemples avec accompagnement d'instrumens, attendu que dans toutes les grandes
villes on peut entendre et se procurer les plus beaux modèles

11

de tous les genres de musique, faits par les meilleurs compositeurs de tous les pays (*e''''*).

CHAPITRE XXXV.

*Courte description de tous les instrumens de musique qui
sont maintenant en usage, avec leurs échelles.*

Instrumens à touches.

(173). L'ORGUE a plusieurs registres [jeux] et encore plus
de tuyaux ; il a un, deux ou trois claviers, composés de
quatre octaves ; il a, de plus, un clavier de pédales qui
contient treize touches longues et sept courtes. Le [jeu]
principal est ordinairement de seize pieds ; on en trouve
quelquefois de trente-deux ; l'orgue a encore des soufflets,
des ventilles, etc.

N. B. Dans les chapelles ou petites églises, il n'y a
souvent que de petits orgues portatifs, avec trois, quatre,
cinq, six, ou au plus huit registres ; ceux-ci n'ont qu'un
clavier et point de pédale (*f''''*).

(*e''''*) Celui qui voudra acquérir une instruction complète sur la manière d'employer les instrumens de tout genre, et principalement les instrumens à vent, doit consulter le *Traité général des voix et des instrumens d'orchestre, et principalement des instrumens à vent, à
l'usage des compositeurs* ; par Francœur, ancien chef d'orchestre et
directeur de l'Académie royale de Musique. Cet ouvrage est fort métho-
dique, fort clair, fort sagement composé ; il fait bien connaître les facultés
de chaque instrument, ce que l'on doit pratiquer, et ce que l'on doit
éviter sur chacun d'eux : j'en ai publié en 1812 une nouvelle édition.

(*f''''*) On néglige beaucoup trop en France l'usage de l'orgue pour

(174). Le clavecin est un instrument large par-devant, du côté du clavier, long de plus de sept pieds, s'étendant en pointe. Sa carcasse est faite de bois dur, mais sa table est en bois blanc; il est garni de cordes d'acier ou de laiton; quelques-unes de celles de la basse sont cannetillées d'un fil d'acier très-délié; le clavier de cet instrument comprend cinq octaves. Voyez ses tons et ceux du forté-piano, ci-après (204).

(175). Le forté-piano diffère principalement du clavecin, en ce que la résonnance est produite dans ce dernier par de longues touches de bois, dans lesquelles il y a un petit tuyau de plume de corbeau, tandis que dans le forté-piano ce sont de petits marteaux de bois qui produisent à volonté le son fort ou faible.

N. B. Cet instrument et le clavecin ont souvent encore un registre appelé le *registre de luth;* mais il résonne rarement juste dans les tons élevés.

(176). L'épinette (*clavicordium*) est un petit instrument qui tantôt n'a que quatre octaves d'*ut* en *ut*, comme l'orgue, et tantôt cinq octaves de *fa* en *fa*, comme le clavecin et le forté. Il est garni de cordes de la même nature que ces deux derniers; mais étant beaucoup plus petit, ses touches de laiton

---

l'accompagnement. Il serait à désirer que dans le chœur de toutes les églises il y eût un petit orgue d'accompagnement; cet instrument, soutenu d'une contre-basse, produirait une excellente harmonie sur le plain-chant.

Pour qu'un instrument de ce genre fût en état d'accompagner à volonté les solos, le grand et le petit chœur, il faudrait qu'il fût composé d'un bourdon, d'un prestant, d'un dessus de flûte, d'une quinte de nazard, d'une trompette et d'un clairon; il n'aurait qu'un seul clavier partant du *sol* et montant au *fa*, c'est-à-dire ayant à peu près cinq octaves, avec une tirasse d'une octave et demie.

11..

ou de fer sont très-courtes; le son en est un peu faible; il est néanmoins bon pour l'exécution.

(177). Le pantalon, qui a près de quatre pieds de large, garni d'un grand nombre de cordes d'acier que l'on touche avec deux petites baguettes de bois, est un instrument superbe, mais très-rare.

Le tympanon est presque de la moitié plus petit et se touche de même.

(178). L'harmonica. Cet instrument doit son existence à M. Franklin, qui en a donné les premières idées. Mademoiselle Davis le fit connaître davantage, MM. Frick, Rœllig, de Meyer, Naumann, Weis et autres, l'ont ensuite porté, par leurs profondes connaissances musicales, à la perfection qu'il a aujourd'hui. Ce charmant instrument contient ordinairement trente-six et jusqu'à quarante cloches, faites dans les verreries, tout exprès pour cet usage. L'assortiment de ces cloches, leur assujétissement à une broche de fer carrée, et leur accord, sont les travaux les plus pénibles que demande la facture de cet instrument.

M. Rœllig fut le premier qui y adapta un clavier, et c'est ce qui a fait donner à cet instrument le nom de *harmonica à clavier*. Le même M. Rœllig et M. Naumann ont aussi composé les premiers quelques morceaux, et M. Muller a fait imprimer une Méthode avec des exemples, pour apprendre à jouer de cet instrument.

(179). La guitare. Il y en a de trois espèces; la guitare allemande, l'italienne et l'espagnole; chacune est traitée différemment.

(180). Le théorbe ne diffère du luth que par un manche plus alongé et quelques autres bagatelles. C'est un instrument agréable et très-propre pour jouer la basse continue.

(181). Le luth, instrument assez grand, en forme de

tortue, est garni de cordes à boyau ; on le tient de la
main gauche, un peu en l'air, les quatre doigts de la même
main faisant le doigté ; le petit doigt de la main droite
sert à le tenir, et les quatre autres pincent les accords.
Sur le manche de cet instrument il y a des touches de cordes
à boyau pour chaque demi-ton. Chaque demi-ton, au lieu
de notes, s'exprime par une lettre de l'alphabet; néanmoins
on pose les notes sur les lettres au-dessus de la sixième ligne,
pour la division de la mesure. Il faut donc un papier tracé
de six lignes pour noter la musique de l'instrument. On n'y
marque pas de clef, mais bien le genre du mode. Les trois
tons les plus bas de la basse sont indiqués par des numéros ;
les quatre suivans par la lettre *a* et des barres droites.
Les six lignes tracées sont pour les tons supérieurs. Ainsi
dix cordes vides se nomment *a* dans le luth, quoiqu'on n'y
trouve réellement que trois cordes vides (*fig*. 326).

Le luth est l'instrument le plus harmonieux, parce que
chaque ton se trouve au moins sur trois cordes, que l'on
peut toucher à volonté; le premier groupe de cordes s'appelle *b*, le second *c*, le troisième *d*, et ainsi de suite ;
mais les groupes ne font, comme on l'a déjà dit, que des
demi-tons ; par exemple, si, sur la quatrième ligne d'une
partie de luth, il y avait ces lettres : *a*, *b*, *c*, *d*, *e*, *f*,
g, *h*, *i*, *k*, *l*, *m*, *n*, cela produirait à nos oreilles les
demi-tons suivans d'une octave en tenor (*fig*. 327).

Le luth a dans le fond huit cordes de basse passablement
graves, accompagnées d'une octave ; ensuite, en montant, ses
cordes deviennent toujours de plus en plus fines ; elles sont
destinées pour le chant. Les vingt-quatre cordes composent
ensemble treize groupes ; il se joue dans tous les tons. Voyez
fig. 336 ci-après, où au lieu de lettres on a mis des

notes dans la clef de la basse et du violon; ces notes représentent, du moins à peu près, son accord.

(182). La mandore, espèce de petit luth, se joue comme
cet instrument, mais s'accorde différemment. La mandore
n'a que huit groupes de cordes à boyau.

N. B. Un groupe se compose de deux cordes accordées
en unisson ou en octave; le groupe le plus haut n'a plus
qu'une corde, qui se nomme ici *mi*; son accord est, con-
formément aux trois cordes supérieures, toujours en *mi* ♭.
Voyez ci-après, art. 204.

(183). La mandoline est de deux espèces, la mandoline
napolitaine et la mandoline milanaise. L'une et l'autre sont
encore plus petites que la mandore; elles ont aussi une
autre forme et un accord différent. La première n'a que
quatre cordes, qui s'accordent comme le violon; mais la
seconde en a six, dont les deux premières sont couvertes

et se nomment du bas en haut : *gg*, *hh*, $\overline{cc}$, $\overline{aa}$, $\overline{\overline{dd}}$, $\overline{\overline{ee}}$;
toutes les deux emploient la clef du violon et des notes.

(184). Le psaltérion, instrument ancien et rare, qui tient
de la forme du clavecin; il se joue des deux mains, en
mettant aux doigts des anneaux tout plats, d'où sort un
fort tuyau de plume pointu.

(185). La harpe ordinaire [sans pédales] est un instrument qui maintenant ne se joue plus guère que par des musiciens de bas aloi. Mais la harpe anglaise fait encore l'amu-
sement des gens distingués, dans leur particulier. Cette
dernière a des pédales qui servent à faire des demi-tons et
porte la clef du violon dans deux rangées de lignes.

(186). Les timbales. Ces instrumens, qui peuvent être
battus dans plusieurs tons, accompagnent ordinairement

les trompettes et font un superbe effet dans une musique à grand nombre d'instrumens; ils s'écrivent sur la clef de la basse.

Instrumens à archet.

(187). Le violon (*violino*) s'écrit sur la clef de *sol* en seconde ligne. Dans les symphonies, on le divise en premier et second violon; quelquefois aussi on admet un troisième violon, sans parler du violon principal, qui, dans un concerto, joue le *solo*. Cet instrument n'a que quatre cordes de boyau, dont la plus grosse doit être cannetillée; on nomme ces cordes *sol*, *ré*, *la*, *mi*. Cet accord se fait donc par quintes majeures justes, quoiqu'à proprement parler on ne dût pas l'accorder si parfaitement, à cause du tempérament inégal des orgues et des autres instrumens à touches.

(188). L'alto viola, ou viole, est un instrument un peu plus gros que le violon; sa partie s'écrit sur la clef d'*ut* en troisième ligne. On se sert de cet instrument avec les violons, comme partie moyenne; mais il peut outre cela faire la partie la plus haute.

N. B. Dans des morceaux anciens, on trouve quelquefois des parties de *viola seconda*, écrites sur la clef de tenor; mais les cordes s'appelaient toujours comme aujourd'hui, en montant, *ut*, *sol*, *ré*, *la*; les deux plus basses sont cannetillées. La viole s'accorde également par trois quintes parfaites, mais d'une quinte plus bas que le violon.

(189). La viole d'amour, instrument de chambre très-agréable, est un peu plus large que la viole; elle a au-dessus du manche sept cordes à boyau, dont les quatre ou cinq plus basses sont cannetillées; elle en a autant au-dessous, mais on prend celles-ci d'acier ou de laiton, pour

obtenir un son plus fort. Cet instrument s'accorde le plus
ordinairement en *ré* majeur. Les sept cordes supérieures
se nommaient *la*, *ré*, *la*, *ré*, *fa**, *la*, *ré*, à raison de son
étendue ; la partie de cet instrument s'écrit sur deux clefs,
savoir, la clef de basse et la clef de violon. Jadis l'on
employait aussi la clef d'*ut* sur la troisième ligne, mais
cet usage était incommode.

(190). Le violet anglais diffère de la viole d'amour, en
ce qu'il n'a que six cordes, le *la* de basse étant retranché.

(191). La viole de jambe (*viola di gamba*) est un instrument un peu plus petit que le violoncelle, et n'a le plus
souvent que cinq cordes, qu'on nomme, en descendant,
ré, *la*, *mi*, *ut*, *ut;* sa clef est celle du violon. C'est encore un de ces instrumens de chambre dont la mode est
passée.

(192). Le violoncelle a la clef de la basse quand il ne
fait qu'accompagner les autres parties ; mais quand on veut
jouer un solo ou un concerto sur cet instrument, il peut
avoir aussi, dans les parties hautes, la clef de ténor, qui
se pose également sur la quatrième ligne, une quinte plus
haut que celle de la basse. Un virtuose habile joue toutes
les cinq parties, l'alto, le soprano et le violon ordinaire ;
mais ce dernier doit être joué, dans les morceaux modernes,
le plus souvent d'une octave plus bas. En considérant les
cordes en montant, on les appelle *ut*, *sol*, *ré*, *la*, les
premières ou les plus basses sont cannetillées ; ces quatre
cordes sont d'une octave plus basses que celles de la haute-
contre du violon (viole ou alto-viola).

(193). Le dessus de basse (*baritono*), instrument de
chambre très-agréable, est presqu'égal en grosseur à la viole
de jambe, mais la table en est plus large ; il a sept cordes
à boyau ; au-dessous du manche il a plusieurs autres cordes

de laiton que l'on pince du pouce. Le manche contient neuf touches, qui marquent autant de demi-tons.

(194). La contre-basse a ordinairement cinq cordes de boyau assez grosses, qui se nomment, du bas en haut, *fa*, *la*, *ré*, *fa**, *la*.

N. B. On a coutume de cannetiller les deux plus basses ; cet instrument est d'une octave plus bas que le violoncelle ; cependant, pour le faire marcher en unisson avec ce dernier, on ne le met pas pour cela d'une octave plus haut, pas plus que le contre-basson ; car tous les instrumens de basse, en accompagnant d'autres instrumens plus hauts, font, pour ainsi dire, un unisson dans leurs tons.

La contre-basse a sur sa table une touche pour chaque demi-ton. Il y a aussi une contre-basse qui n'a que quatre cordes et n'a point de touches, mais son accord est différent ; le voici : *sol*, *la*, *ré*, *sol*, ou *fa*, *la*, *ré*, *sol*. Ces contre-basses commencent à devenir rares (V. Francœur.).

Instrumens à vent.

(195). La flûte traversière est un instrument très-usité et propre à tous les genres de musique ; sa clef est celle de *sol* sur la deuxième ligne ; il va du *ré* au-dessous de la portée jusqu'au *sol* à trois barres. Pour faire connaître au lecteur ce que j'entends par les mots *à une barre, à deux barres*, etc. (g''''), je placerai (*fig*. 329) le tableau en montant de tous les tons qui sont possibles, et je les marquerai avec les lettres et les petites barres, suivant la manière des facteurs d'instrumens et d'orgues.

(g'''') Ces mots de *barres* équivalent à ce que nous nommons en français *première*, *deuxième*, *troisième octave* etc.

Ces octaves marchent comme il suit :

La flûte traversière a tous les tons portés sur la clef du violon, excepté l'*ut* et l'*ut** graves ; on écrit pour cet instrument sur cette clef.

Il y a encore une espèce de flûte pastorale qui reçoit l'intonation par le bec, qui est plus courte que la précédente et a aussi moins d'étendue ; mais comme elle est peu propre à l'harmonie, elle ne sert presque plus.

(196). Le hautbois, instrument propre à tous les genres de musique, s'écrit aussi sur la clef du violon ; il reçoit son intonation par un petit tuyau qu'on y enfonce par-devant et que l'on nomme *anche*; il va depuis l'*ut* à une barre jusqu'au *ré* à trois barres ; il n'y a que l'*ut** ou à une barre qui soit difficile à former. Le *sol** à une barre, ou *la♭*, est également difficile à jouer dans des notes promptes, quand il est entremêlé de tons indirects (*fig.* 330).

On n'aime pas non plus à jouer l'*ut* à deux barres répété avec le *si♭* à une barre, ni le *fa* à deux barres avec le *mi*

1ere, comprenant les tons rendus par les tuyaux de...................	32p. à	16p.	
2e..	16	8	
3e..	8	4	
4e..	4	2	
5e..	2	1	
6e..	1	6pouc.	
7e..	6ponc. à	3	
8e..	3	1	6 l.

Le tuyau de 8 pieds est à l'unisson de l'*ut* grave du violoncelle ; l'étendue ordinaire des voix va depuis le *sol* de la troisième octave jusqu'à celui de la sixième octave ; les voix très-graves donnent l'*ut* de 8 pieds, les voix très-aiguës l'*ut* de 6 pouces ; c'est dans cet espace, comprenant quatre octaves, que se fait généralement tout le travail harmonique : tout ce qui se passe au-delà n'est censé que redoublement et renforcement des parties régulières.

qui est à côté, parce que ces sortes de passages forment une fourche (*fig.* 33o). (Voyez note *e''''*).

(197). Le cor anglais est un instrument de bois un peu plus grand que le hautbois. Son intonation se fait également par une anche; on lui donne aussi la clef du violon, mais il est généralement une quinte plus bas que ce dernier instrument; il faut donc que le compositeur arrange son morceau en conséquence. Par exemple, s'il veut composer en *ut*, il faut qu'il écrive en *sol* majeur avec *fa**; mais si son morceau est en *fa* majeur, il faut qu'il mette ces cors en *ut* majeur. Si le compositeur compose en *si*♭ majeur, il suffit de mettre à la clef un *b*; par conséquent cet instrument a dans les modes en bémol un ♭ de moins, et dans les modes par dièze un * de plus que les autres instrumens.

(198). La clarinette ressemble presqu'au hautbois pour la forme, mais ses sons se rapprochent plus de la voix humaine. La clarinette se termine par une ouverture plus large que celle du hautbois; elle a beaucoup plus d'étendue que la plupart des instrumens à vent. Elle est garnie de plusieurs clefs, et elle descend jusqu'au *mi* de la basse. Son ton le plus haut est l'*ut* à quatre barres; mais il ne faut employer ce ton, ainsi que toute l'octave à trois barres, que pour jouer des concerto. On se sert volontiers de la clarinette par couple, comme on fait pour les cors. La musique pour clarinette se fait toujours en *ut* ou en *fa* majeur; par ce moyen, on conserve à cet instrument ses meilleurs tons; il a cela de commun avec les cors, que par le moyen d'un corps de rechange, on peut l'accorder dans tous les modes possibles; ses modes principaux sont toujours ceux d'*ut* et de *fa*.

On peut aussi employer pour la clarinette les autres modes que l'on voit *fig.* 331, *a'*, *b'*, etc.

Tous ces différens modes peuvent être accompagnés avec des clarinettes en *sol, la, si♭, si♮, ut* et *ré* ; ceux pourtant qui proviennent de la clarinette en *sol* et en *ré* sont les plus difficiles.

(199). Le cor de basset (*corno di bassetto*). Cet instrument est très-utile ; c'est le plus riche de tous les instrumens à vent ; il ne diffère de la clarinette, qu'en ce qu'il est recourbé et qu'il descend d'une tierce plus bas. Il n'avait autrefois que l'*ut* grave de [4 p.] ; il eut ensuite le *si♭*, puis après les deux demi-tons ; mais MM. Antoine et Jean Stadler, musiciens de la chapelle de l'Empereur d'Autriche, y ont fait ajouter l'*ut**, le *ré* et le *ré** de la basse, qui est de leur invention, et par ce moyen cet instrument marche dans l'ordre accoutumé dans les quatre octaves entières. Quoiqu'il suive aussi la clef du violon, ses tons sont néanmoins de quatre ou cinq tons entiers plus bas que celui du violon. Le mode principal de *fa* est plus ancien et plus usité que celui de *sol* ; l'un et l'autre s'écrivent en *ut* (*fig.* 332).

L'échelle de ces deux modes principaux ordinaires, pour toutes les quatre octaves, se trouvera ci-après (*fig.* 347) ; mais à l'oreille elles font quatre octaves de *fa* ou de *sol*.

N. B. On a aussi des cors de basset bas en *mi, mi♭* et *ré* majeur, mais qui sont difficiles à jouer, à cause de leur grosseur. Au reste, toutes les règles rapportées ci-dessus pour les clarinettes s'appliquent aussi aux cors de basset, par rapport au toucher. Il faut encore remarquer que dans les passages bas, le second ou le troisième cor de basset a plus ordinairement la clef de la basse (*fig.* 332, *c*).

Mais pour la seconde clarinette on met les passages bas sur la clef du violon une octave plus haut, et on écrit

dessus : *chalumeaux*. D'après cela, le son en est aussi
bas que l'on voit *fig. 332, d.*

(200). Le basson, instrument très-connu, est fait de bois
dur, percé de trous et garni de clefs; on peut s'en servir
partout; il remplit le milieu entre le violon et le violoncelle, dans une musique à grande harmonie, et donne plus
de force à la basse; l'anche dans lequel on souffle se met dans
un arc de laiton qu'on appelle *S*. Cet instrument a la clef de
la basse, et rend le ton de basse naturel à 8 pieds [il descend au *si♭*].

N. B. Il y a aussi un contre-basson qui est d'une octave
plus bas et qui rend par conséquent complètement le ton
à 16 pieds; mais on ne s'en sert que dans les musiques des
régimens, pour renforcer le basson ordinaire; alors on l'écrit
avec *all' unisono* (*h''''*).

(201). Le cor (*corno*); on ne s'en sert ordinairement que
par couple, *corno primo* et *corno secondo*. Cet instrument
se fait en laiton, quelquefois en argent; il est de forme
circulaire, l'embouchure est la même que celle du trombonne et de la trompette; on souffle dedans au moyen d'un
bocal fait de même métal que l'instrument. Les parties de
cors s'écrivent aussi sur la clef du violon; mais il n'y a
que les cors en *ut* haut qui s'accordent avec le violon, tous
les autres sont plus bas. On peut donner la clef de la basse
au second cor, dans les tons bas de l'échelle, quand ces
tons durent un peu long-temps; mais on doit réserver pour
un joueur de la première force les tons plus hauts que l'*ut*

(*h''''*) Cet instrument n'est point en usage en France : il serait à désirer qu'il fût admis dans nos musiques militaires; il produit un très-bon
effet dans cette espèce de musique, et je crois qu'on pourrait en tirer
parti pour certains effets, dans les orchestres ordinaires.

à trois barres en montant. Ordinairement, on ne doit
pas, pour les chanteurs et instrumentistes, composer au-dessus de la septième ligne [V. note *g''''*]. Au reste, comme la partie des cors est toujours mise en *ut* majeur, il est nécessaire
d'indiquer au-dessus de la partie le mode où ils doivent jouer.
Par exemple, *corni bassi* en B ou en *si♭*, *corni bassi* en C
[ou en *ut*], *corni* en D [ou en *ré*], *corni* en Eb ou Es [ou
en *mi♭*], mais non *dis* [ou *ré✱*], *corni* en F [ou en *fa*], *corni*
en G [ou en *sol*], *corni* en A [ou en *la*], *corni alti* en B
[ou en *si♭*], *corni alti* en C.

(202). Les trombonnes sont de trois sortes; les trombonnes basse, tenor et alto.

(203). La trompette ne se joue qu'en *si*, *ut*, *ré* et
mi♭ majeur; ses parties s'écrivent aussi sur la clef du violon,
mais on ne compose pour cet instrument qu'en *ut* majeur,
et par conséquent le mode doit être indiqué en haut. On emploie les trompettes au moins par couple dans une musique
complète, et on les désigne par *clarino primo*, *clarino secondo*, ou première et deuxième trompette; mais si l'on
veut employer quatre trompettes, comme par exemple
pour des marches, on donne à la troisième trompette le
nom de *principale*, et à la quatrième celui de *toccato*; on
marque encore ces deux dernières du nom de *tromba prima*
et *tromba seconda*. Dans la musique d'église, elles ont
la clef de l'alto au lieu de celle du violon. On donne aux
clarini ou clairons un chant brillant, le plus souvent en tierce
dans le haut, depuis l'*ut* à deux barres jusqu'à l'*ut* à trois
barres; la quinte $\frac{ré}{sol}$ et ensuite $\frac{mi}{ut}$ entre les cinq lignes,
en font volontiers la cadence. Quand la musique passe d'*ut*
majeur en *fa* majeur, on leur donne volontiers la quinte re-

doublée en octave $\overset{=}{\underset{ut}{ut}}$, et la quinte $\overset{=}{\underset{mi}{mi}}$, quand elle passe

en A mineur. La *tromba prima* n'a le plus souvent que *mi* et *sol* entre les cinq lignes, quand les trompettes sont plus hautes, et la *tromba seconda* prend volontiers l'*ut* et le *sol* alternativement au-dessous des cinq lignes, et marche ainsi en octave avec les timbales.

N. B. Le *fa* à une barre, le *fa*✳ et le *la* ne doivent jamais être employés pour la trompette, comme notes initiales, mais seulement comme notes de passage, parce que ces trois tons ne sont pas justes (V. Francœur.).

Diapason des divers instrumens.

(204). On voit, figure 333 et suivantes, le diapason des divers instrumens, sur lequel nous placerons ici quelques observations relatives à chacun d'eux.

Figure 333, diapason de l'orgue.

Quand l'orgue a sa première octave de basse incomplète, et qu'il n'a ni *ut*✳, ni *ré*✳, le *fa*✳ de cette octave a sa touche contre celle du *ré*, et le *sol*✳ la sienne contre celle du *mi* [selon les procédés de l'ancienne facture].

Figure 334, celui du clavecin ou forté-piano.

Figure 335, celui de l'harmonica.

Figure 336, celui du luth.

La première octave (*fig.* 336, *a*) s'accorde selon le mode. Les six groupes suivans restent toujours les mêmes, parce que les touches donnent tous les demi-tons possibles.

Figure 337, pour la mandore.

Les quatre cordes, figure 337, *a*, s'accordent selon le mode; les quatre autres, figure 337, *b*, restent les mêmes.

Figure 338, pour la harpe.

Les dièzes et les bémols se font avec des pédales.

Figure 339, pour le violon. Les N. B. indiquent les cordes à vide.

Cet instrument a tous les tons dièzes et bémols (339, *b, c*).

Figure 340, pour l'alto-viola.

Cet instrument a de même les dièzes et les bémols.

Figure 341, pour la viole d'amour.

341, *a*, première échelle.

341, *b*, seconde échelle.

341, *c*, échelle de comparaison.

Figure 342, pour le violoncelle.

Cet instrument a aussi tous les demi-tons.

Figure 343, pour le baryton.

343, *a*, accord du baryton dans les cordes supé-rieures.

343, *b*, accord des cordes graves selon l'ancienne manière.

D'après la manière dont l'a arrangé M. André Lidl, cet instrument, en partant du *mi* grave, a quatorze tons et six demi-tons.

Figure 344, pour la contre-basse.

Figure 345, pour le hautbois.

La même échelle, prise une quinte plus bas, sert pour le cor anglais.

Figure 346, pour la clarinette.

Cet instrument procède chromatiquement par tous les bémols.

Figure 347, pour le basset-horn.

Figure 348, pour le basson.

Figure

Figure 349, pour le cor de chasse.

     349, *a*, premier cor.

     349, *b*, deuxième cor.

    Le mode d'*ut* reste toujours mode principal; on n'emploie de dièzes et de bémols que pour les virtuoses, à l'exception du *si*♭ du milieu de la portée et du *fa*✳ d'en haut; dans la pleine harmonie, on n'emploie que les tons de trompette [les tons ouverts].

Figure 350, pour les trombonnes.

     350, *a*, trombonne basse.

     350, *b*,   tenor.

     350, *c*,   alto.

Figure 351, pour la trompette.

F I N.

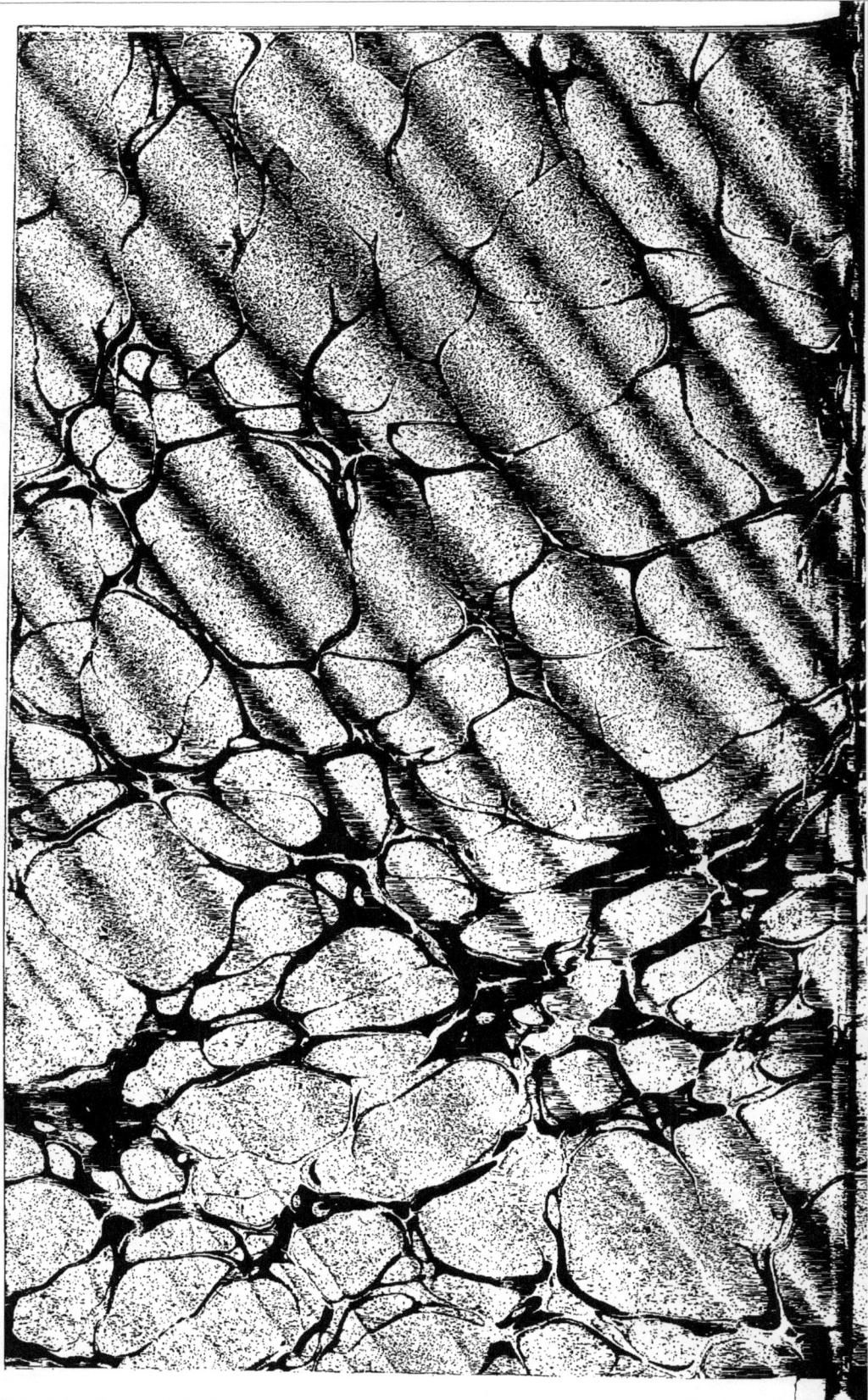

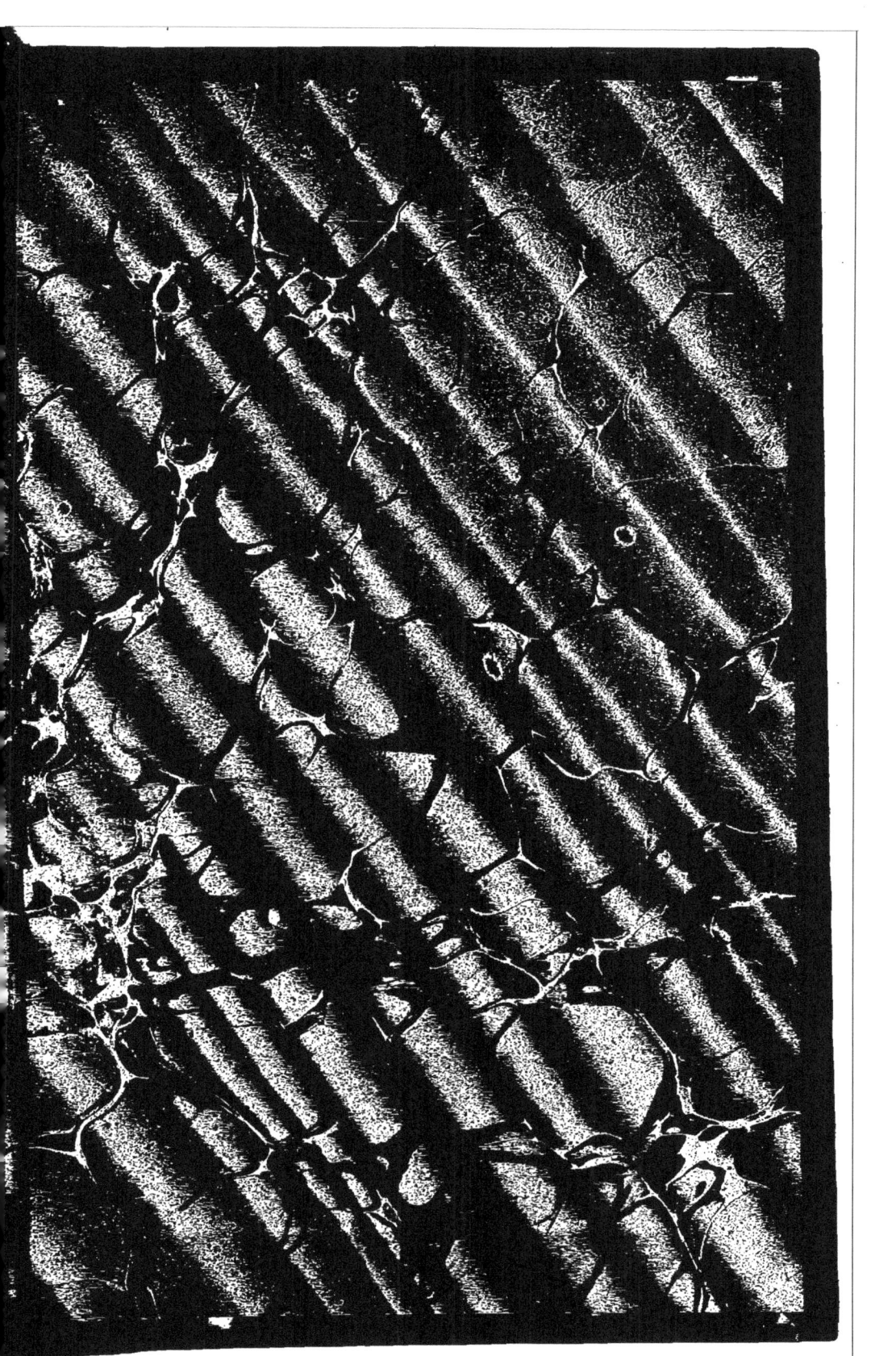

www.ingramcontent.com/pod-product-compliance
Lightning Source LLC
Chambersburg PA
CBHW071959090426
42740CB00011B/2006